Tiere und Pflanzen
in ihrer Umwelt

Brigitte Bömer
Hartmut Fahrenhorst
Hans Knopff
Ilse Nötzold
Uwe Rist
Georg Trendel

Ernst Klett Verlag
Stuttgart   Düsseldorf   Leipzig

Tiere und Pflanzen in ihrer Umwelt

bearbeitet von:
Brigitte Bömer, Dortmund
Hartmut Fahrenhorst, Unna
Hans Knopff, Melle
Ilse Nötzold, Drensteinfurt
Uwe Rist, Dortmund
Georg Trendel, Unna

außerdem wirkten an der Konzeption mit:
Hans Flinkerbusch, Meckenheim
Wilhelm Roer, Dortmund
Marlene Rüland, Würselen
Elisabeth Schreiber, Aachen
Willi Schuh, Bonn
Günter Segschneider, Köln

 Gedruckt auf Papier aus chlorfrei gebleichtem Zellstoff, säurefrei.

1. Auflage

A 1 ^{5} ^{4} ^{3} ^{2} ^{1} | 2003 2002 2001 2000 99

Alle Drucke dieser Auflage können im Unterricht nebeneinander benutzt werden, sie sind untereinander unverändert. Die letzte Zahl bezeichnet das Jahr dieses Druckes.

© Ernst Klett Verlag GmbH, Stuttgart 1999.
Alle Rechte vorbehalten.
Internetadresse: http://www.klett-verlag.de

Redaktion: Herbert Lies, Ute Kühner, Simone Reichert
Herstellung: Hans Klement
Layout: Alfred Marzell, Schwäbisch Gmünd
Zeichnungen und Illustrationen: Alfred Marzell, Schwäbisch Gmünd; Mathias Hütter, Schwäbisch Gmünd

Satz und Repro: Steffen Hahn GmbH, Kornwestheim
Druck: SCHNITZER DRUCK GmbH, Korb.
Printed in Germany.

ISBN 3-12-036415-0

Einbandgestaltung:
Alfred Marzell, Schwäbisch Gmünd unter Verwendung einiger Fotos aus dem Innenteil (siehe Bildverweis) bzw. Kieselsteine: Claus Kaiser, Stuttgart; Pollenkorn: Manfred Kage, Lauterstein

Willkommen im Club der Forscherinnen und Forscher!

*Hallo Kinder,
mit diesem Heft könnt ihr herausfinden, wo verschiedene Pflanzen, Tiere und der Mensch leben und was ihnen hilft, sich in ihrer Umgebung wohlzufühlen.
Ihr könnt vier völlig verschiedene Lebensräume kennen lernen und erfahren, wie sich die Lebewesen auf ihre Umgebung einstellen.
Beginnt am besten mit dem Thema, das euch am meisten interessiert.*

*Aber Achtung, für alle Forscherinnen und Forscher gilt die Grundregel:
Sie passen auf Werkzeuge und auf die Dinge, die sie untersuchen, besonders gut auf.*

Viel Spaß beim Forschen und Entdecken.

Leben und Wohlfühlen — 8

Meine Klasse find' ich klasse! — 10

- Leben im Klassenzimmer mit Pflanzen und Tieren — 12
- Beim richtigen Klima gedeiht alles prima! — 14

Auf dem Bauernhof — 16

- Rund um die „Kuh" — 18
- Pflanzen, die nützen — 20

 — 22

- Pflanzen und Tiere des Waldes — 24

- **Geschichten, die der Baum erzählt** — 26
- **Wer frisst wen?** — 28
- **Der Wald in Gefahr** — 29

Im Zoo: Tiere und Pflanzen aus aller Welt — 30

- **Im Zoo – Ganz nah dran!** — 32
- **Ein Vortrag in der Zooschule – Leben in der Arktis** — 34
- **Mit Hanane im Zoo** — 36

INFOTHEK — 38

Tiere und Pflanzen in Zahlen — 50

Stammbaum der Wirbeltiere — 52

Stichwortverzeichnis — 54

Bildquellennachweis — 56

So arbeitest du mit diesem Heft:

▶ **Auf der Wahlseite erfährst du, worum es geht.**

Dies ist das Rahmenthema.

Die Infothek ist dein Lexikon.

Weitere Informationen dazu unter W wie Wald in der Infothek

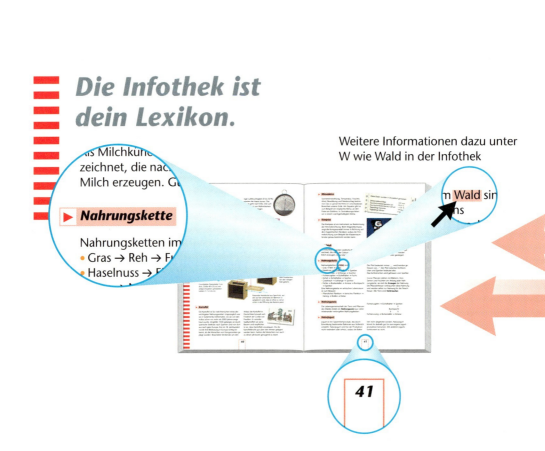

■ Die Themenseite erleichtert dir den Einstieg.

● Auf den Aktionsseiten findest du Experimente und Beobachtungsaufgaben.

Tierisches Plankton

7 Wenn du die Bilder von rechts unten nach links oben verfolgst, erhältst du eine ▶ Nahrungskette für den arktischen Lebensraum. Erkläre diese Kette. Überlege, was geschehen würde, wenn ein Glied der Kette fehlte, wenn es z. B. keine Heringe mehr gäbe.

Zur Nahrungskette findest du Informationen auf Seite 41.

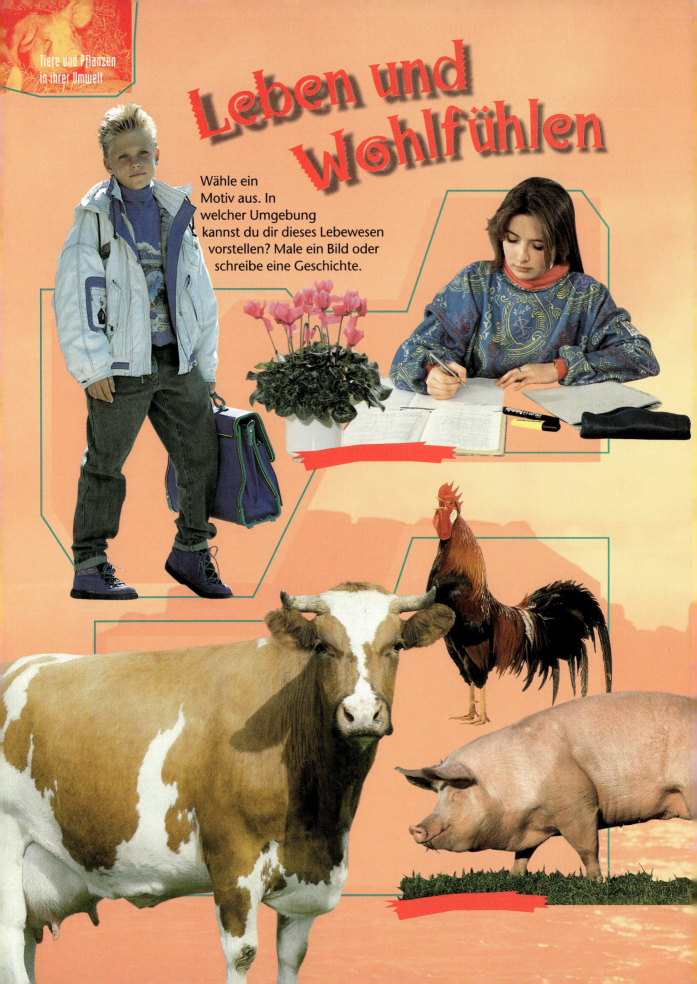

Wähle:
- Meine Klasse find' ich klasse! 10
- Auf dem Bauernhof 16
- Das große Waldspiel 22
- Im Zoo: Tiere und Pflanzen aus aller Welt 30

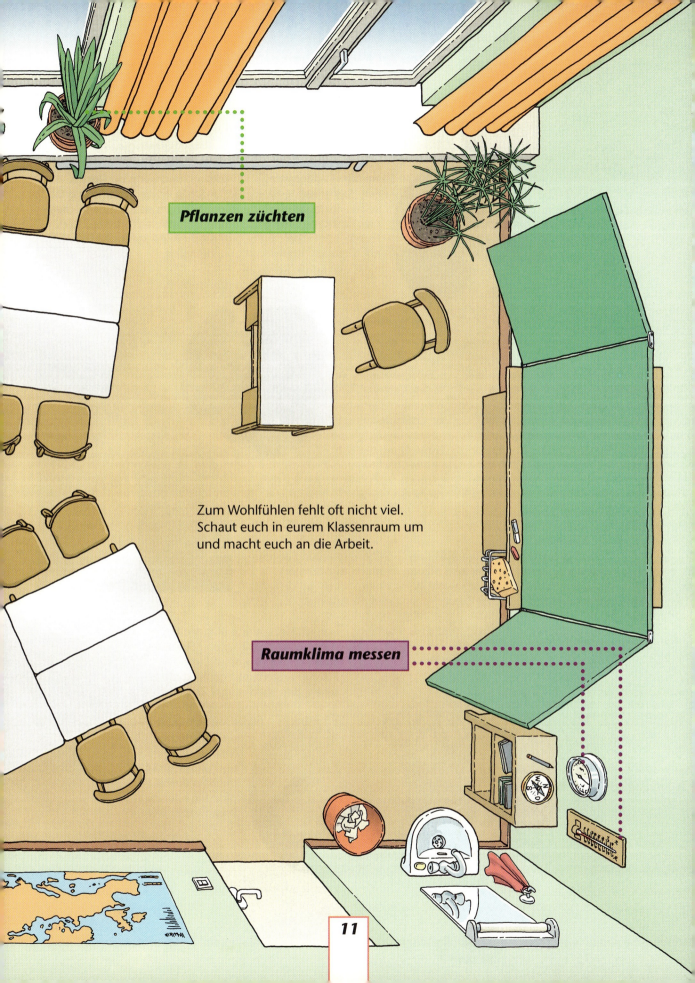

Leben im Klassenzimmer mit Pflanzen

1 Fleißiges Lieschen

„Fleißige Lieschen" sind Pflanzen, die ihr im Frühjahr leicht anziehen könnt. Dazu benötigt ihr Kunststoffschalen mit Blumenerde und Samen des Fleißigen Lieschen (Samenhandel). Verteilt die feinen Samen gleichmäßig auf der lockeren Erde. Drückt sie nur leicht an, denn sie benötigen für die Keimung Licht und dürfen deshalb nicht mit Erde bedeckt werden. Den Boden müsst ihr feucht halten. Die Samen sind nach ca. 3 Wochen gekeimt, und wenn die kleinen Pflänzchen einige Zentimeter groß sind, müsst ihr sie in kleine Blumentöpfe umpflanzen (pikieren). Dies müsst ihr mindestens noch einmal wiederholen.

Samen des Fleißigen Lieschens

Feuerbohnensamen

2 Feuerbohnen

Feuerbohnen sind große Bohnen, die sehr lange im Trockenen liegen können, ohne ihre Keimfähigkeit zu verlieren (Samenhandel). An ihnen könnt ihr das Wachstum einer Pflanze sehr genau beobachten. Legt die trockenen Bohnen einen Tag in eine Schale mit Wasser. Danach setzt ihr sie seitlich in ein Einmachglas, das ihr mit Watte und etwas Wasser gefüllt habt. Um das Glas legt ihr dann einen Ring aus schwarzer Pappe, sodass sich die Bohnen im Dunkeln befinden. Ihr könnt nun täglich die Entwicklung der Bohnen beobachten und die Ergebnisse festhalten. Achtet auf die Länge der Wurzeln und der Triebe.

3 Zypergras

Das Zypergras ist eine Sumpfpflanze, die hauptsächlich auf der Insel Madagaskar wächst. Es gedeiht sowohl in Blumenerde als auch im Wasser. Seine Vermehrung ist sehr einfach. Ihr schneidet einen Stiel etwa 5 cm unter dem Blattquirl ab.

Danach kürzt ihr alle Blätter um die Hälfte und legt Blätter und Stiel in ein Gefäß mit Regenwasser. Stellt dies auf die Fensterbank und ihr könnt sehen, dass nach einiger Zeit Wurzeln und neue Blätter gebildet werden. Diese kleinen Pflänzchen könnt ihr dann in einen Blumentopf mit Blumenerde pflanzen oder im Regenwasser weiterzüchten.

Zypergras-Kindel

... und Tieren

4 Rennmäuse

Es gibt viele verschiedene Rennmausarten, die aus den Wüsten- und Steppenzonen Asiens und Afrikas stammen. Sie leben in Familien, die aus mehreren Männchen und Weibchen und deren Jungtieren bestehen. Sie leben in unterirdischen Höhlen, aber auch an der Erdoberfläche.
Sie ernähren sich hauptsächlich von Samen und Wurzeln.
Um sie in der Klasse zu halten, müsst ihr ein großes Glasterrarium mehr als zur Hälfte mit Sägespänen füllen. Genauere Informationen für die Einrichtung eines solchen Terrariums könnt ihr beim Zoohändler erfragen und in Fachbüchern nachlesen.

Wüstenrennmaus

Guppy

5 Fische

Warmwasserfische leben in den tropischen Flüssen Afrikas, Asiens und Südamerikas. Um sie im Klassenzimmer halten zu können, müsst ihr ein Aquarium einrichten. Dazu braucht ihr den Rat eines Fachmanns.
Im Zoofachgeschäft könnt ihr erfahren, wie groß ein Aquarium sein muss, welche Apparaturen ihr benötigt und welche Pflanzen und Fische ihr am besten in das Becken einsetzen könnt. Ihr solltet darauf achten, dass ihr Fischarten wählt, die nicht zu empfindlich sind.

6 Stabheuschrecken

Stabheuschrecken stammen aus Afrika. Ihr könnt sie in einem ▶ Insektenkasten halten, den ihr im Technikunterricht selbst herstellen könnt. Stabheuschreckeneier bekommt ihr in Schulbiologischen Zentren, von eurem NW-Lehrer oder eurer NW-Lehrerin.
Die Eier legt ihr in eine Schale und stellt diese in den Kasten. Besprüht den Kasten regelmäßig mit etwas Wasser. Nach einiger Zeit schlüpfen sehr kleine Stabheuschrecken, die ihr mit frischen Brombeer- oder Efeublättern versorgen müsst. Die anfangs winzigen ▶ Insekten wachsen schnell heran; dabei häuten sie sich mehrfach. Erwachsene Tiere legen erneut Eier.

Eier der Stabheuschrecke

▶ Insekten 40   ▶ Insektenkasten 40

Beim richtigen Klima gedeiht alles prima!

Dies gilt nicht nur für Pflanzen und Tiere, sondern auch für euch selber. Euer Lebensraum ist kein Terrarium und auch kein Aquarium, es ist jeden Tag für mehrere Stunden euer Klassenraum. Eine wichtige Voraussetzung, um sich hier wohlzufühlen, ist das richtige Raumklima.

1 Wie stark bescheint die Sonne euren Klassenraum?

Als Erstes müsst ihr feststellen, in welche Himmelsrichtung die Fenster eures Klassenraumes zeigen. Dazu braucht ihr einen ▶ Kompass. Ist die Richtung eher nördlich oder westlich, so hat das für euch die Bedeutung, dass die Sonne nicht direkt in euren Klassenraum scheint. Zeigen die Fenster aber nach Osten oder Süden, so habt ihr direkte Sonneneinstrahlung. Im Frühjahr oder Herbst ist das sehr schön, im Sommer kann es aber stören, weil es zu heiß werden kann.
Welche Möglichkeiten habt ihr, den Klassenraum zu beschatten?

2 Wie sind die Temperaturen in eurem Klassenraum?

Die optimale Raumtemperatur für euch liegt zwischen 19°C (▶ Grad Celsius) und 22°C!
Messt die Temperaturen im Klassenzimmer über einen längeren Zeitraum mehrmals täglich zu festgelegten Zeiten, z. B. vor Unterrichtsbeginn und in den Pausen.
Legt ein Temperaturprotokoll an.

Temperaturprotokoll der Klasse 5.1 (Raumtemperatur)

Datum	Temperatur vor Unterrichtsbeginn	Temperatur in der ersten großen Pause	Temperatur in der Mittagspause	Temperatur am Nachmittag	Luftfeuchte
25. 5. 1998	14 °C	15 °C	20 °C	21 °C	55 %
26. 5. 1998	13 °C	17 °C	21 °C	22 °C	60 %
27. 5. 1998	14 °C	16 °C	21 °C	23 °C	62 %
28. 5. 1998	12 °C	15 °C	19 °C	21 °C	55 %

Wichtig:
Messt die Temperaturen zu allen vier Jahreszeiten, denn es ergeben sich große Unterschiede.

▶ Kompass 41   ▶ Grad Celsius (°C) 39

3 Wie hoch ist die Luftfeuchtigkeit in eurem Klassenraum?

Damit ihr euch richtig wohl fühlt, darf die Luftfeuchtigkeit im Klassenraum nicht zu niedrig sein. Sie sollte immer zwischen 40 % und 60 % (Prozent) betragen. Sie wird mit einem speziellen Gerät, dem ▶ Hygrometer gemessen. Messt täglich die Luftfeuchtigkeit und tragt sie in die Tabelle ein. Erkundet Möglichkeiten, mit welchen Hilfsmitteln ihr die Luftfeuchtigkeit im Klassenraum regulieren könnt.

Tipp: Pflanzen geben über ihre Blätter ständig Wasserteilchen an die Luft ab. Bei Sumpfpflanzen und Pflanzen mit großen Blättern ist die Abgabe besonders groß.

Hygrometer

4 Mief raus – Luft rein!

Alle Organismen – Menschen, Tiere und Pflanzen – benötigen zum Leben Sauerstoff. Nach einer Schulstunde ist eine Menge des Sauerstoffs verbraucht und ihr werdet müde. Deshalb müsst ihr den Klassenraum in jeder Pause lüften. Hierzu werden alle Fenster und am besten auch die Tür geöffnet. Im Herbst und Winter müsst ihr in dieser Zeit auf jeden Fall die Heizkörper abstellen, sonst wird zu viel Wärme vergeudet.

5 Arbeitsorganisation:

So viele unterschiedliche Aufgaben kann ein Einzelner in eurer Klasse nicht allein bewältigen. Jeder von euch sollte eine Aufgabe übernehmen, sei es das Messen von Temperatur und Luftfeuchtigkeit, das Versorgen von Pflanzen und Tieren oder das Lüften des Klassenraumes. Mithilfe eines genauen Wochenarbeitsplanes könnt ihr all diese Aufgaben sehr gut bewältigen. Nach einer Woche könnt ihr dann die Aufgaben wechseln.

Viel Spaß dabei!

Wichtig: Tiere und Pflanzen brauchen das ganze Jahr eine ständige Pflege, auch in den Ferien!

▶ Hygrometer 40

Auf dem Bauernhof

Früher lebten auf dem Bauernhof viel mehr Tierarten als heute!
Informiere dich!

Wusstest du eigentlich, dass die Kartoffelpflanze aus Amerika stammt?
Lies nach.

Korn ist nicht gleich Korn. Welche Getreidesorten kennst du?

Was wird sonst noch aus Milch hergestellt?

Rund um die „Kuh"

1 Im Abstand von etwas mehr als einem Jahr wird von einer erwachsenen ▶ Milchkuh ein Kälbchen geboren. Hierzu muss im Körper der Kuh eine Eizelle befruchtet werden. Die dazu notwendige Besamung erfolgt meist künstlich. Die Tragezeit dauert ungefähr 280 Tage.

Ein Kälbchen wird geboren. Die Kuh wartet geduldig bis zum Beginn der Geburt. Dann legt sie sich nieder und presst das Kälbchen aus ihrem Körper.

Die Geburt erfolgt fast immer mit Kopf und Vorderbeinen voran.

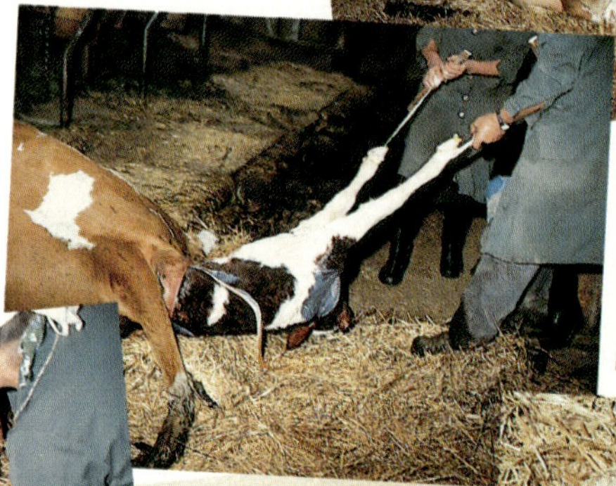

Der Bauer hilft, indem er mit weichen Bändern an den Vorderbeinen des Kälbchens zieht.

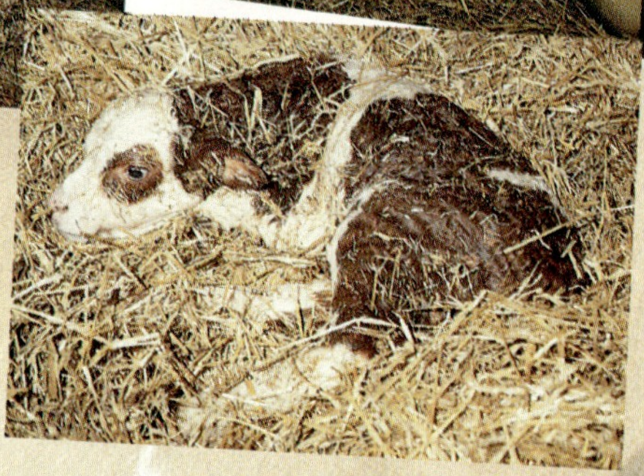

Das neugeborene Kälbchen wird mit Stroh gerubbelt und trockengerieben.

2 Begründe, weshalb die Rinder zu den ▶ Säugetieren gehören! Was bedeutet der Begriff Säugetier? Welche Tiere gehören sonst noch zu der Klasse der Säugetiere?
Nach der Geburt wird das Kalb in der Regel von der Mutter getrennt. In den ersten Tagen bekommt das Kälbchen noch Milch vom Mutterrind, aber dann wird es mit anderem Kälberfutter ernährt und groß gezogen, denn der Landwirt will die Milch verkaufen.

3 Die weiblichen Kälber kommen für längere Zeit auf die Weide. Dort wachsen sie langsam heran.
Die männlichen Kälber werden so gefüttert, dass sie schnell wachsen. Dieses nennt man mästen. Wenn sie ein bestimmtes Gewicht erreicht haben, werden sie im Schlachthof geschlachtet.
Finde heraus, welche Nahrungsmittel aus Rindfleisch hergestellt werden. Wozu werden die restlichen Teile des Rindes verwertet?

Jungrinder auf der Weide

Mastrinder im Maststall

▶ Milchkuh 41   ▶ Säugetiere 42

4 Die Kuh, die gekalbt hat, gibt nun ungefähr 300 Tage lang Milch. Das tut sie aber nur, wenn sie während dieser Zeit morgens und abends gemolken und gut mit Futter versorgt wird.
Erkunde bei einem Landwirt oder anhand eines Buches, was die Milchkühe fressen.

Eine Kuh kann an einem Tag 15 l (Liter) Milch und mehr produzieren. Sie wird vom Landwirt im Melkstand mit einer Melkmaschine gemolken.

Anschließend wird die Milch in einem Kühlbehälter bei 4 °C gelagert. In der Nacht wird sie mit einem Kühllastwagen in die Molkerei gefahren, wo sie zu verschiedenen Produkten verarbeitet wird.

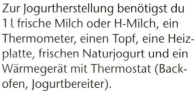

5 Einige Milchprodukte könnt ihr auch selbst herstellen!

Um Butter herzustellen benötigst du 1 l Sahne, ein Thermometer und einen Mixer.
Die Sahne darf für die Butterherstellung nicht zu kalt sein, sie soll mindestens eine Temperatur von 12 °C haben.
Sie wird mit einem Mixer geschlagen, so als wolltest du Schlagsahne zubereiten. Wenn die Sahne steif ist, musst du sie weiter schlagen, so lange, bis sich in der Rührschüssel eine wässrige Flüssigkeit von einer festeren Masse trennt. Die Flüssigkeit ist Buttermilch, die abgegossen werden muss.
Die verbleibende Masse wird in kaltem Wasser so lange durchgeknetet, bis das Wasser klar bleibt. Das Wasser muss dabei mehrfach gewechselt werden. Anschließend knetest du das Restwasser heraus und die Butter ist fertig.

Zur Jogurtherstellung benötigst du 1 l frische Milch oder H-Milch, ein Thermometer, einen Topf, eine Heizplatte, frischen Naturjogurt und ein Wärmegerät mit Thermostat (Backofen, Jogurtbereiter).
Die frische Milch wird in einem Topf auf der Wärmeplatte vorsichtig auf 90 °C erhitzt. Dabei wird die Temperatur ständig mit dem Thermometer kontrolliert. Sie darf nicht zu heiß werden. Nach Erreichen der 90 °C lässt du die Milch wieder auf 42 °C abkühlen.
H-Milch muss nur auf 42 °C erwärmt werden, denn sie wurde vor dem Verpacken schon einmal erhitzt.
Zu der warmen Milch gibst du nun pro Liter 2 Esslöffel ▶ Naturjogurt. Die oberste Schicht solltest du dabei nicht benutzen. Nachdem du den Jogurt gut eingerührt hast, stellst du die Milch in das auf 42 °C vorgewärmte Wärmegerät.
Nach 3 1/2 Stunden ist der Jogurt fertig.

▶ Naturjogurt 41

Pflanzen, die nützen

Der Bauer pflanzt auf seinen Feldern verschiedene Getreidesorten an. Sie haben unterschiedlichen Nutzen. Teilweise werden die ausgedroschenen Körner zur Weiterverarbeitung verkauft, teilweise nutzt der Landwirt sie für die Fütterung und Mast der Tiere.

Weizen

Roggen

Gerste

Hafer

Mais

1 Besorge dir die oben abgebildeten Getreidesorten. Finde heraus, ob es noch andere Getreidesorten gibt. Teste in einer ▶ Fühlbox, ob du die verschiedenen Getreidesorten ertasten kannst.

2 Finde heraus, zu welchen Produkten die verschiedenen Getreidesorten verarbeitet werden. Notiere dein Ergebnis in einer Tabelle.

3 *Unter welchen Bedingungen wächst Getreide am besten?*
Versuchsmaterial:
Verschiedene Getreidesamen, Blumenerde, Sand, Blumentöpfe gleicher Größe, Untersetzer, Karton zum Abdunkeln.
Versuchsdurchführung:
Füllt für jede Getreidesorte je zwei Blumentöpfe mit Blumenerde und Sand bis 2 cm unter den Rand. Nun legt ihr 30 Samen in jeden Topf und überdeckt sie leicht mit Erde oder Sand.
Die Töpfe werden auf die Fensterbank gestellt. Eine Hälfte wird mit Schuhkartons abgedunkelt. Zur Versuchsauswertung ist es wichtig, dass ihr alle beschriftet. Schreibt Schilder, z. B. so:

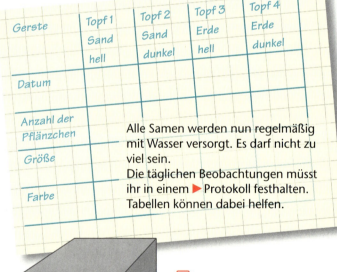

Gerste	Topf 1 Sand hell	Topf 2 Sand dunkel	Topf 3 Erde hell	Topf 4 Erde dunkel
Datum				
Anzahl der Pflänzchen				
Größe				
Farbe				

Alle Samen werden nun regelmäßig mit Wasser versorgt. Es darf nicht zu viel sein.
Die täglichen Beobachtungen müsst ihr in einem ▶ Protokoll festhalten. Tabellen können dabei helfen.

4 Aus Roggen und Weizen kann man Brot backen! Dazu muss das Getreide vorher in einer Mühle gemahlen werden. Das Mehl wird nach verschiedenen ▶ Brotrezepten verarbeitet. Versucht es doch auch einmal und backt selber ein Brot.

▶ Protokoll 42   ▶ Brotrezept 39   ▶ Fühlbox 39

Die ▶Kartoffeln zählen zu unseren wichtigen Nahrungspflanzen. Sie werden im Frühjahr auf den Acker gepflanzt, wo sie den Sommer über wachsen und gedeihen. Im Herbst werden die Kartoffelknollen geerntet, damit wir während des ganzen Jahres Kartoffeln kaufen können. Der andere Teil geht in Fabriken, in denen viele verschiedene Kartoffelprodukte hergestellt werden.

5 Erkunde, was alles aus den Kartoffeln hergestellt wird. Präsentiere das Ergebnis in Form eines Plakates.

6 *Kartoffeln sind ein wichtiges Nahrungsmittel*
Alle grünen Teile der Kartoffelpflanze sind giftig, doch die im Boden wachsenden Knollen sind sehr nahrhaft und enthalten viele ▶Vitamine.
Wie werden Kartoffeln zubereitet? Sammle Rezepte bei Eltern und Großeltern!
Wie isst du sie am liebsten?
Probiert eines der Rezepte selbst aus!

7 *Licht und Dunkel*
Normalerweise keimen die Kartoffeln im Dunkeln des Bodens.
Fülle zwei Kunststoffschalen mit feuchter Komposterde. Lege jeweils zwei Kartoffeln auf die Erde. Überdecke Gefäß 1 mit einer durchsichtigen Abdeckung und Gefäß 2 mit einem schwarzen Blumentopf aus Kunststoff. Stelle die beiden Gefäße auf die Fensterbank. Beobachte mehrere Tage. Notiere die Ergebnisse (▶Protokoll). Suche eine Erklärung.

8 *Der Kartoffeleimer*
Fülle im Frühjahr einen Eimer (5 oder 10 Liter) mit Kompost oder Blumenerde. Pflanze dann etwa 5 bis 10 cm tief eine Kartoffelknolle. Stelle den Eimer auf die Fensterbank und versorge ihn regelmäßig mit Wasser. Die Erde darf nicht zu nass sein! Nun musst du Geduld aufbringen und genau beobachten, was passiert.

a) Bestimme zu Beginn des Versuches das Gewicht der eingefüllten Erde und das Gewicht der Kartoffel. Notiere beides auf einem Zettel, den du auf den Eimer klebst.
b) Notiere während dieses langen Versuches deine Beobachtungen mit Datum.
c) Sobald das Laub der Kartoffelpflanze welk wird, kannst du den Inhalt des Kartoffeleimers ausschütten. Was kannst du beobachten?
d) Wiege nun getrennt zum einen die Erde und zum anderen alle Teile der Kartoffelpflanze! Vergleiche mit deinen Anfangsmessungen (*a*).

Tipp:
Bepflanzt Ende April ein Beet im Schulgarten mit Kartoffeln. Beobachtet wöchentlich die Veränderungen.

▶ Vitamine 43   ▶ Protokoll 42   ▶ Kartoffel 40

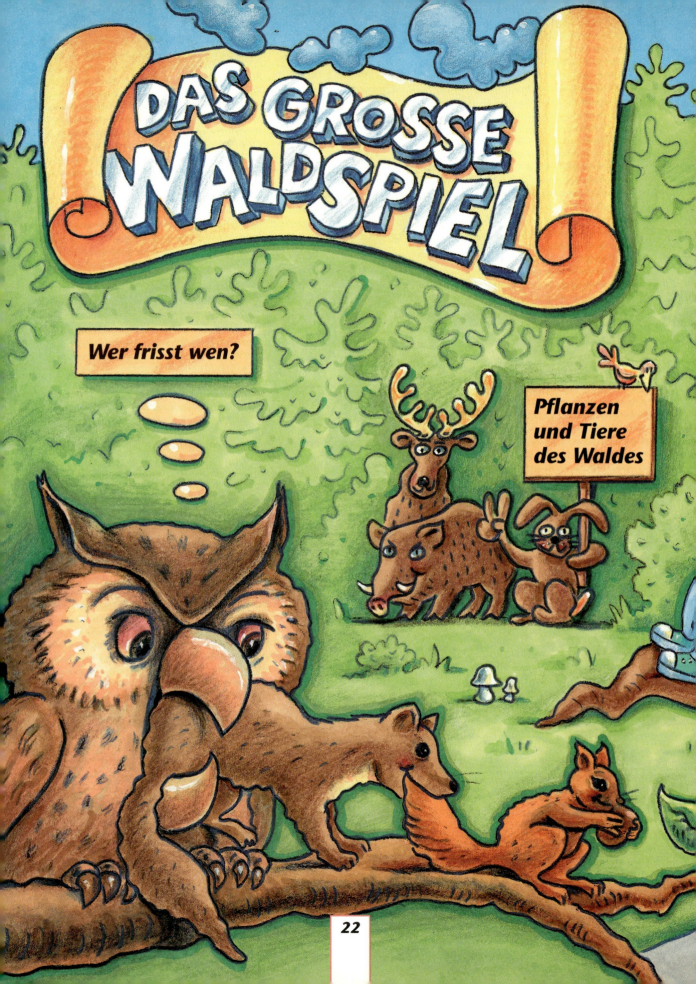

Pflanzen und Tiere des Waldes

Der ▶ Wald ist mehr als eine Ansammlung von Bäumen. Er ist eine Lebensgemeinschaft von Bäumen, Sträuchern, Kräutern, Farnen, Moosen, Pilzen und den dort lebenden Tieren.

Wenn du einen Waldspaziergang machst, fällt dir sicher auf, dass der ▶ Wald aus Stockwerken aufgebaut ist – wie ein großes Haus.

[1] Sammelt in Moos-, Kraut- und Strauchschicht Pflanzen, Blüten und Früchte.

[2] Presst die Blätter und Blüten in alten Zeitungen oder Telefonbüchern und bestimmt sie mit entsprechenden Bestimmungsbüchern.
Beschriftet eure Funde:

Name der Pflanze: Buche
Stockwerk: Baumschicht
Datum des Fundes: 30.9.98

[3] Jeder Baum hat eine andere Rinde. Auch daran kannst du ihn erkennen. Mit einem Kohlestift kannst du die Rindenstruktur auf ein Blatt Papier abpausen.

Rotbuchenzweig mit Blüten

Kiefernzweig mit Zapfen und Blüten

[4] Wenn ihr Laubwald und Nadelwald (▶ Wald) in der Nähe eurer Schule habt, besucht sie und entdeckt die Unterschiede.
In welchem Wald ist es heller? Warum?

Haben Helligkeit und Pflanzenwuchs etwas miteinander zu tun? Weshalb wird heute ein Mischwald bevorzugt?

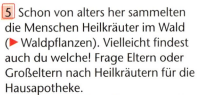

[5] Schon von alters her sammelten die Menschen Heilkräuter im Wald (▶ Waldpflanzen). Vielleicht findest auch du welche! Frage Eltern oder Großeltern nach Heilkräutern für die Hausapotheke.
In einer Apotheke erfährst du noch mehr über Anwendungen und Zubereitungen.

▶ Wald 43 ▶ Waldpflanzen 44

6 Die Tiere des Waldes hinterlassen ihre Spuren. Löcher in der Rinde verraten den Buntspecht, abgenagte Fichtenzapfen das Eichhörnchen. Und manchmal findet man auch Gewölle von Waldohreulen und Waldkäuzen (▶Waldtiere).
Kannst du ▶Tierspuren im Wald finden?

Von welchen Tieren stammen die Spuren (*a–e*)?

7 Wenn ihr einen Ameisenhaufen der Waldameisen (▶Waldtiere) findet, dann notiert doch einmal, was sie so alles transportieren, woher sie es holen und wohin sie es bringen!

8 Es gibt noch viel mehr interessante Waldtiere. Informiert euch über ihre Gewohnheiten und erstellt ihre ▶Steckbriefe!

Jetzt wisst ihr schon ein wenig mehr über die Pflanzen und Tiere des Waldes und könnt die ersten Fragen und Antworten unseres Waldspieles auf Karteikarten notieren. Hier einige Anregungen:

▶ Tierspuren 43   ▶ Waldtiere 45   **25**   ▶ Steckbrief 42

Geschichten, die der Baum erzählt …

Bäume sind die größten ▶ Waldpflanzen. 700 Jahre alt kann eine Eiche werden und 40 m hoch. Die Rotbuche bringt es in 250 Jahren auf 45 m. Fichten, Kiefern und Lärchen schaffen 50 m bei einem Höchstalter von bis zu 300 Jahren.

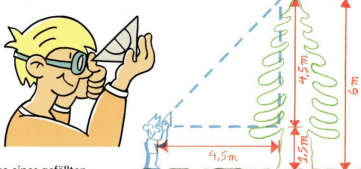

1 Die Höhe eines Baumes kannst du selbst bestimmen. Peile über die Spitze deines Geodreiecks eine Baumspitze an. Achtung! Unbedingt eine Schutzbrille aufsetzen, um die Augen vor spitzen Ecken zu schützen. Miss dann auf dem Boden die Entfernung von dir bis zum Baum. Deine Größe dazu addiert ergibt die Baumhöhe.

2 Bei gefällten Bäumen lässt sich die Lebensgeschichte anhand der Jahresringe ablesen, wenn man sie zu deuten versteht. Jedes Jahr bildet ein Baum einen Jahresring. Nutze die Jahresringe eines gefällten Baumes oder einer Baumscheibe, um die Lebensgeschichte dieses Baumes zu erzählen.

Lebensgeschichte eines Baumes

1934
Mein Geburtstag: 14. April. Geburtsort: Der Arnsberger Wald.
Endlich fing der Samen an zu keimen.

1939
Ich bin jetzt 5 Jahre alt. Sie haben eine neue Straße gebaut. Bin fast umgefallen und stehe jetzt ganz schief unterhalb der Straße.
Der Zweite Weltkrieg ist ausgebrochen. Bekomme Gott sei Dank nichts davon mit.

1940
Wachstum hervorragend. Viel Regen und Sonne in Frühjahr und Sommer.

1950
Meine Nachbarn nehmen mir Licht und Bodensalze weg.

1958
Schwächere Bäume um mich herum werden entfernt. Habe mehr Licht!

1960
Durch eine weggeworfene Zigarette ist ein kleiner Teil des Waldes verbrannt. Habe Glück gehabt und wurde nur leicht verletzt. Die Wunden werden durch neues Holz überdeckt.

1962
Endlich wieder reichlich Sonne und Regen.

1975
Jetzt haben wir schon seit Jahren eine lange Trockenheit. Kaum Möglichkeiten zum Wachsen.

1978
Na bitte! Die Dürreperiode ist vorbei und ich entwickle mich prächtig.

1986
Verflixte Viecher! Die Insektenlarven fressen die ganzen Nadeln und Knospen. Mir geht es nicht gut.

1998
Na, kannst du mich sehen? Nein?
Ich liege doch vor dir! 1996 wurde der Wald durchforstet und ich gehörte zur „Ernte" und kam in die Papierfabrik nach Hagen. Die machen auch Papier für Schulbücher und deshalb kannst du mich jetzt in bedruckter Form bestaunen!

▶ Waldpflanzen 44

3 Das Alter eines Baumes kannst du über seinen Stammumfang bestimmen, indem du den Umfang in 1,5 m Höhe misst. Da der Umfang eines freistehenden Baumes mit vollentwickelter Krone pro Jahr um ca. 2,5 cm zunimmt, lässt sich das Alter des Baumes berechnen. Während ein freistehender Baum mit einem Umfang von 2,5 m also ca. 100 Jahre alt ist, ist ein Baum im dichten Wald mit dem gleichen Umfang jedoch doppelt so alt. Wie alt ist ein Baum von 1,5 m, 2 m, 3 m Umfang im Wald?

Was du brauchst: Metermaß, Bleistift und Block, Taschenrechner

```
2,5 m = 250 cm
250 cm : 2,5 cm = 100
100 x 2 = 200 Jahre
1,5 m = 150 cm
150 cm : 2,5 cm =
```

4 Sammle frische Zweige und Ruten von verschiedenen Bäumen (z. B. Eiche, Ahorn, Weide, Buche). Vergleiche ihre Biegsamkeit. Dazu brauchst du etwa gleich lange und gleich dicke Zweige. Lege diese alle in Wasser, sodass sie gleich nass sind. Jetzt kannst du vergleichen.
Wie könnte eine Messskala aussehen?

5 Dies ist ein Spiel für jeweils zwei. Verbinde dem Partner oder der Partnerin die Augen und führe ihn oder sie vorsichtig zu einem Baum. Lass den Baum genau abtasten. Hat er Einkerbungen in der Rinde? Sind Seitenäste ertastbar? Nach der Untersuchung des Baumstammes führst du den Partner oder die Partnerin auf einem anderen Weg zum Ausgangspunkt zurück. Entferne dort die Augenbinde und lass den untersuchten Baum wiederfinden.

Vergesst nicht, neue Frage- und Antwortkärtchen zu schreiben!
Unser Spiel ist noch nicht fertig!

Wer frisst wen?

Im Wald leben die unterschiedlichsten Tierarten.

1 Ordne die ▶Waldtiere in einer Tabelle. Welche gehören zu den ▶Säugetieren, welche zu den Vögeln? Welche gehören zu den Reptilien, Amphibien und Insekten?

2 Unter den ▶Waldtieren gibt es Pflanzenfresser und Fleischfresser. Suche alle Pflanzenfresser und Fleischfresser heraus und notiere sie getrennt in deinem Heft.

Säugetiere	Vögel	Reptilien	Amphibien	Insekten
				Ameise

Sperber

Kohlmeise

Eichenwicklerraupe

Eichenblatt

3 Du siehst: Die Pflanzen und Tiere des Waldes sind voneinander abhängig. So bietet eine Eiche die Lebensgrundlage für viele Tiere. Die Tiere sind Glieder einer ▶Nahrungskette mit Beutetieren und Fressfeinden. Am Anfang einer Nahrungskette steht immer eine grüne Pflanze. Allerdings ernähren sich von den Eichenblättern auch Rehe und Hirsche und die Kohlmeise kann auch dem Baummarder zum Opfer fallen: So werden Nahrungsketten zu einem ▶Nahrungsnetz verknüpft.

4 Im Spiel könnt ihr solche ▶Nahrungsketten selbst darstellen. Vier Kinder schreiben auf jeweils ein Pappkärtchen den Namen eines Waldtieres. Ein Kind notiert den Namen einer Waldpflanze auf einem Kärtchen. Das Kind mit dem Pflanzenkärtchen wirft dann ein Wollknäuel zu dem Waldtier, von dem es glaubt, dass dieses die Pflanze frisst. Dieses wirft das Knäuel dann zu seinem Fressfeind usw. Schließlich ist eine Nahrungskette entstanden. Die Mitschüler und Mitschülerinnen beurteilen anschließend, ob diese Nahrungskette im Wald vorkommt. Dann stellen fünf neue Kinder eine Nahrungskette dar.

5 Wer frisst wen? Stelle aus den Tieren und Pflanzen in deinem Heft ▶Nahrungsketten zusammen.

▶ Waldtiere 45   ▶ Säugetiere 42   ▶ Nahrungskette 41   ▶ Nahrungsnetz 41

Der Wald in Gefahr

Aus waldreichen Gebieten wie Schwarzwald, Bayrischer Wald, Harz und Alpen werden große ▶ Waldschäden gemeldet. Einige Laubbäume, aber vor allem Fichten und Tannen sind besonders stark betroffen. Die Schadstoffe aus der verschmutzten Luft schädigen nicht nur die Blätter und Nadeln. Sie dringen auch mit dem Regen ins Erdreich. Dort werden die Wurzeln geschädigt, dadurch wird der Baum mit zu wenigen Mineralstoffen versorgt. Er kränkelt.
Ein solch kranker Baum wird schnell zum Opfer von Waldschädlingen wie dem Borkenkäfer (▶ Waldtiere). Tausende seiner Nachkommen (Larven) zerstören die Wachstumsschicht unter der Baumrinde. Der Baum stirbt.

1 Spüre im Wald geschädigte Bäume auf und überlege, wer oder was den Schaden verursacht haben könnte.

2 Schreibe dir genau auf, in welchem Teil des Waldes Schäden vorkommen.

Borkenkäfer (Fraßbilder)

Gesunde Tanne

Geschädigte Tanne

3 Nimm mit deiner Klasse Kontakt zum örtlichen Förster auf. Er kann dir viel über den Zustand des Waldes erzählen und weitere Schäden zeigen.

- Welche Ursachen haben die Waldschäden?
- Welchen Schaden richtet der Borkenkäfer an?
- Gib eine Nahrungskette an!

Gesunder Fichtenzweig   Geschädigter Fichtenzweig

Das Spiel mit den Kärtchen beginnt ...

Der erste Spieler oder die erste Spielerin liest eine Frage vor und fordert jemanden zur Antwort auf. Für eine richtige Antwort erhält der Mitspieler oder die Mitspielerin einen Punkt und darf die nächste Frage vorlesen. Wer die meisten Punkte gesammelt hat, hat gewonnen. Vielleicht schafft ihr es auch, eigene Regeln aufzustellen.

▶ Waldschäden 45   ▶ Waldtiere 45

Im Zoo: Tiere und Pflanzen aus aller Welt

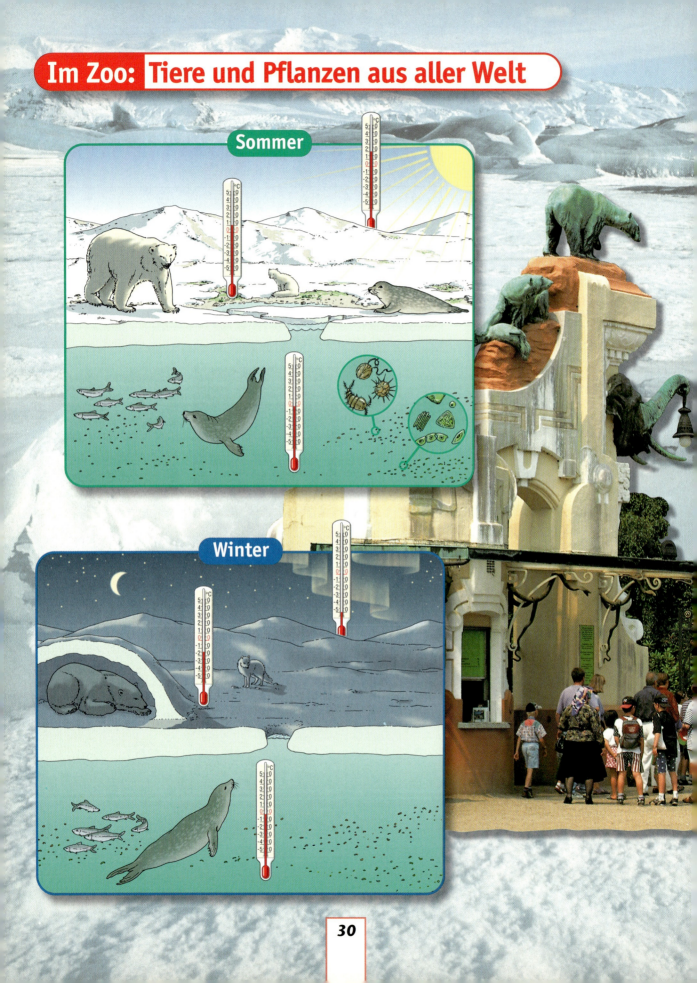

Im Zoo – Ganz nah dran!

1 Ein Zooplan hilft:
Besorgt euch den Plan des Zoos, den ihr besuchen wollt. Sammelt Ideen, was ihr dort erkunden wollt!

Dann gehn wir eben in den Zoo!

Tierpark Dortmund
1 Großer Teich
2 Greifvögel, Geier
3 Raben- und Waldvögel
4 Kamele und Wildesel
5 Ibisse und Wattvögel
6 Orang-Utan und andere Affen
7 Wildpferde und Wisente
8 Eulen
9 Rotfuchs, Polarfuchs, Luchs und Dachs
10 Groß- und Kleinbären
11 Seelöwen und Seebären
12 Biber und Otter
13 Leopard und Ozelot
14 Pinguine, Riesenotter
15 Guanako und Vikunja – Kleinkamele Südamerikas
16 Tiere aus Südamerika
17 Ameisenbären, Faultiere und Gürteltiere

18 Tiere aus Afrika
19 Geparden und Afrikanische Wildhunde
20 Löwen, Tiger, Pumas und Jaguare
21 Exotische Vögel
22 Tiere aus Asien
23 Affen-Insel
24 Hirsche
25 Giraffen-Haus
26 Tiere aus Australien
27 Amazonas-Tropenhaus
28 Streichelzoo und Bauernhof
29 Kinderspielplatz und Zoogaststätte

beschilderter Rundweg
Haupteingang
Verwaltung
Parkplatz Mergelteichstraße
"Sommereingang" Zillestraße

2 Ideensammlung: Das will ich im Zoo herausfinden, erkunden und machen!

– Ich will alles über Tiger wissen!
– Die Fütterung sehe ich mir an!
– Was der Tiger alles in 15 Minuten macht, notiere ich, dann will ich alle anderen Raubkatzen besuchen!

– Ich gehe in den Streichelzoo, andere Tiere darf man ja nicht anfassen oder füttern!
– Alle Tierbabys im Zoo will ich mir ansehen, beim Robbenbaby messe ich, wie lange es beim Tauchen die Luft anhält!

– Ich will Tierpflegerin werden. Ich frage eine Pflegerin, wie man das werden kann.

– Tarzan hat im Dschungel gelebt. Im Amazonashaus erkunde ich den Dschungel.
– Vom giftigsten und gefährlichsten Tier mache ich einen ▶ Steckbrief.

– Ich gestalte ein „Zoobuch der Rekorde"! Da kommt z. B. das längste, das schnellste, das stärkste Tier rein.

– Ich will erkunden, ob man im Zoo auch Tiere aus der „Kälte" und der „Wüste" halten kann.
– Bedrohte Tiere schreibe ich auf und versuche herauszubekommen, warum und wodurch sie bedroht sind.

▶ Steckbrief 42

3 Von Angebern, Betrügern und anderen Typen: Farben und Botschaften

Welche Bedeutung hat die besondere Färbung der hier abgebildeten Tiere?
Sucht beim Zoobesuch nach Tieren, die durch ihre Färbung Botschaften aussenden!

Gorilla-Männchen

Chamäleon

Tarnen, Warnen, Imponieren, Täuschen, Zusammenhalten!

Rote Neonfische

Welche Tiere tarnen sich besonders gut? Welche Farben, Muster und Tarnungstricks wenden sie an?

Pfeilgiftfrösche ☠

„Angeber" machen auch durch Töne und Bewegungen auf sich aufmerksam. Findet solche „Angeber". Spielt vor, wie sie auf sich aufmerksam machen!

Pfauenhahn und Henne

Korallenschlange, giftig ☠

Königsnatter, ungiftig

Beim Zoorundgang fallen Tiere mit einer weißen Farbe schnell auf. Sucht solche Tiere. Wo leben diese Tiere in der Freiheit? Welche Vorteile haben sie von der weißen Färbung?

Eisbär

4 Mein Lieblingstier

Suche dir ein Zootier aus, das du genauer kennen lernen willst. Sammle Informationen über dein Lieblingstier!
Erstelle einen ▶ Steckbrief!
Teste in einem Fragespiel, wie gut du dein Lieblingstier kennst und wie gut deine Klasse fragen kann!
Besuche dein Lieblingstier im Zoo!

Regeln:
Fragen werden nur mit Ja oder Nein beantwortet!
Wer eine Ja-Antwort geschafft hat, darf bis zu einer Nein-Antwort weiterfragen!
„Dumme Fragen" dürfen immer mit Nein beantwortet werden!
Die Fragegruppe hat gewonnen, wenn sie das Tier mit weniger als 10 Nein-Antworten herausfindet!

▶ Säugetiere 42   ▶ Steckbrief 42   ▶ Wirbeltiere 46

Ein Vortrag in der Zooschule – Leben in der Arktis

[1] Wenn du nur wenige Seiten zurückblätterst, kannst du die Temperaturwerte der ▶ Arktis in der Zeichnung ablesen. Vergleiche mit ▶ Klimadaten bei uns.

Arktisches Klima	Sommer	Winter
Lufttemperaturen im Inland		
Lufttemperaturen an der Eiskante		
Meerestemperaturen		
Tageslicht in Std.	24	0

Robert E. Peary erreichte als erster Mensch zusammen mit vier Eskimo-Begleitern 1909 den Nordpol. Er startete im Februar von einer Insel im Norden Grönlands und war im April am Ziel.

Ein Polarforscher erzählt:
„Ein Jahr lang haben wir im Polarmeer einen Film über arktische Tiere gedreht. Seit zwei Wochen bin ich zurück und genieße die Wärme. Der Mann auf dem Bild ist übrigens Robert Peary, mein großes Vorbild in Kindertagen. Er trägt Eskimo-Kleidung. Sieh dir an, wie dick er angezogen ist. Schätze mal, wie kalt es in der Arktis wird."

„Ein Eisbär auf der Jagd nach seiner Lieblingsspeise, einer Ringelrobbe. Sie ruht sich nur kurz aus und ahnt nicht, in welcher Gefahr sie schwebt."

„In den gelb schattierten Gebieten haben wir Eisbären gefilmt. Die meisten fanden wir im Sommer mitten im Polarmeer in der Nähe der Eiskante. Wir haben fast nur vom Schiff aus gedreht. Das Eis bricht unvorhersehbar immer wieder neu auf. Es kann passieren, dass man plötzlich auf Eisschollen gefangen ist."

[2] Informiere dich über die Lebensweise von Robben und Eisbären (▶ Arktische Tiere). Suche in einem Atlas die Länder, in denen man Eisbären im Sommer bzw. im Winter antrifft. Welche Gründe könnten die Tiere für ihre Wanderungen haben?

▶ Arktis 38   ▶ Klimadaten 41   ▶ Arktische Tiere 38

„Alle Vögel und Säugetiere in der Arktis sind richtig warm eingepackt. Der Polarfuchs ist eigentlich ziemlich mager, sieht aber mit seinem wunderschönen dichten Fell recht pummelig aus, findet ihr nicht? Schneegänse haben unter den Federn ein feines Daunenkleid. Sie können sich bei Kälte ordentlich aufplustern.
Robben haben zwar ein kurzes Fell, aber eine mächtige Speckschicht unter der Haut.
Eisbären haben übrigens beides: ein dichtes Fell und eine dicke Speckschicht. Ich frage mich, was am besten wärmt."

3 Prüfe, wie gut verschiedene Stoffe gegen Kälte isolieren:
Stelle die Gläser in einen Topf mit kaltem Wasser. Miss die Zeit, in der sich das heiße Wasser in jedem Reagenzglas um 20° abgekühlt hat.

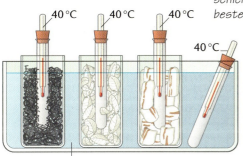

Wasser 5 °C (▶ Grad Celsius)

4 Prüfe auch, ob die Stoffe ebenso gut isolieren, wenn sie nass geworden sind.
Welchen Einfluss könnte die Luft zwischen Fellhaaren oder Federn haben?

„Wenn wir auf unseren Expeditionen nass werden, so ist das lebensgefährlich. Robben und Eisbären fühlen sich dagegen im Wasser pudelwohl. Brrr, wo es draußen doch schon so kalt ist. Und wieso können eigentlich Fische und Pflanzen im Polarmeer überleben?"

5 Stelle mit Eiswürfeln aus dem Gefrierschrank (−18 °C) Eiswasser her. Miss in regelmäßigen Abständen nach, wie kalt es geworden ist.

Heringsschwarm

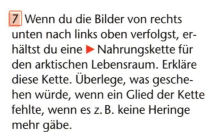

Tierisches Plankton

Pflanzliches Plankton
(▶ Arktische Pflanzen)

6 Viele Tiere fetten ihr Fell oder ihr Gefieder leicht ein. Penatencreme ist so ein Fett aus der Wolle von frisch geschorenen Schafen.
Zerreibe etwas Penatencreme zwischen den Fingern. Versuche, die Creme mit Wasser abzuwaschen. Tauche eine Entenfeder kurz in Wasser und schüttele das Wasser ab. Ist die Feder nass?

7 Wenn du die Bilder von rechts unten nach links oben verfolgst, erhältst du eine ▶ Nahrungskette für den arktischen Lebensraum. Erkläre diese Kette. Überlege, was geschehen würde, wenn ein Glied der Kette fehlte, wenn es z. B. keine Heringe mehr gäbe.

▶ Grad Celsius (°C) 39   ▶ Nahrungskette 41   ▶ Arktische Pflanzen 38

Mit Hanane im Zoo

Wüstenklima	Tag	Nacht		
Lufttemperaturen				
Temperaturen im Boden				
Temperaturen an der Bodenoberfläche				
			Sommer	Winter
Niederschläge			3 mm	39 mm

Hanane besucht mit ihrer Klasse einen Zoo. Von weitem schon sehen sie eine Dromedarfamilie (▶ Wüstentiere) in der Außenanlage.
„Guck mal, die habe ich letzten Sommer in Marokko gesehen, als wir unsere Verwandten in Sidi Ifni besucht haben", sagt Hanane. „Es war tagsüber unglaublich heiß, besonders als wir einen Ausflug in die ▶ Wüste machten."
Sie betreten das Tropenhaus.
„Ziemlich heiß hier", sagt Jakob und zieht seine Jacke aus. Hanane bleibt vor einem kleinen Terrarium stehen. „Kommt mal her, habt ihr schon mal einen Sahara-Skorpion gesehen? Mein Opa hat erzählt, dass sich die Skorpione (▶ Wüstentiere) im Sand vergraben und auf ihre Beute warten. Es ist ziemlich gefährlich, wenn man aus Versehen drauftritt. Er sagt, dass sie Hunde sogar mit einem Stich töten können."
Neben vielen kleineren Terrarien gibt es hier auch eine große Anlage für Wüstentiere. Man sieht viel Sand, aber kaum etwas von den Tieren.
„Da, der Fuchs mit den großen Ohren! So sieht also ein Fennek (▶ Wüstentiere) aus", ruft Hanane. „Leider haben wir in unserem Urlaub keinen gesehen. Ist ja auch kein Wunder. Hier steht, dass er sich tagsüber in Höhlen versteckt und nur nachts aktiv ist. Warum der wohl so große Ohren hat." „Zum Hören natürlich", meint Anna.

Seitenwinder-Viper

Skorpion

Fennek

1 Wenn du wissen willst, welche Temperaturen in der Heimat dieser Wüstentiere herrschen, blättere nur wenige Seiten zurück und entnehme die Werte den Zeichnungen. Übertrage die abgebildete Tabelle in dein Heft und fülle sie aus. Vergleiche die Werte mit ▶ Klimadaten bei uns.

2 Dieser Versuch zeigt dir, warum Wüstentiere sich tagsüber lieber einige Zentimeter unter der Oberfläche aufhalten.
Erwärme trockenen, feinen Sand und feuchte Erde mit einem Strahler von oben. Miss nach 5 Minuten die Temperaturen an der Oberfläche und in verschiedenen Tiefen. Warte 5 Minuten und miss noch einmal.

Wo kühlt das Wasser schneller ab? Warum ist das so und was hat das mit den großen Ohren zu tun?
Kennst du noch andere Tiere, die sehr große Ohren haben?

warmes Wasser

3 Wenn du wissen willst, welche Vorteile große Ohren für Wüstentiere außerdem noch haben, mache diesen Versuch.

▶ Wüstentiere 49   ▶ Wüste 48   ▶ Klimadaten 41

Viele ▶ Wüstentiere trinken selten oder kommen lange Zeit ohne Wasser aus. Informiere dich, wie Tiere sich dem trockenen Klima angepasst haben.

Schwarzkäfer

Wüstenspringmaus

4 Einige Wüstenlebewesen holen in der kühlen Nacht Wasser aus der Luft. Stell dir vor, dein Atem wäre der Nachtwind in der Wüste. Hauche gegen eine gekühlte Mineralwasserflasche. Was stellst du fest?

5 ▶ Wüstenpflanzen haben besondere Fähigkeiten entwickelt, in der Trockenheit zu überleben. Wie lösen diese Pflanzen das Problem?

normaler Kaktus

Kaktus kurz nach dem Regen

Viele Wüsten haben salzige Böden. Wenn es einen kurzen, kräftigen Regenschauer gibt, bilden sich Pfützen mit Salzwasser, in denen nach kurzer Zeit kleine Krebse aus ihren Eiern schlüpfen.

Plötzlich entdeckt Jakob Springmäuse (▶ Wüstentiere) in einer Ecke. „Guckt mal wie schnell die sind."
„Komisch, die haben zwar Futter, aber ich sehe gar kein Wasser zum Trinken."
„Ist doch klar, in der Wüste gibt's doch auch monatelang kaum Wasser", meint Hanane. „Das glaube ich nicht. Ganz ohne Wasser könnte in der Hitze nichts überleben", sagt Anna. „Es regnet auch manchmal in der Wüste", antwortet Hanane, „sogar ziemlich stark. Plötzlich gibt es Flüsse, Seen, Pfützen. Alle freuen sich, weil Gras wächst und alles zu blühen anfängt."
„Lass uns gehen, Hanane." „Anna warte, guck dir doch diese riesigen Kakteen (▶ Wüstenpflanzen) an!"
„Kakteen haben wir auch zu Hause auf der Fensterbank. Unsere sind nur viel kleiner." „Auf unserem Ausflug in die Wüste haben wir keine Kakteen gesehen", wundert sich Hanane. Sie liest den ▶ Steckbrief, „die kommen ja alle aus Amerika."

„Was ist das denn, ein Aquarium im Wüstenhaus?", wundert sich Hanane. „Das können nur Salinenkrebse sein", meint Jakob. „Ich habe einen Freund, der sie manchmal als Futter für seine Aquarienfische züchtet." „Lass uns gucken, wo die anderen sind."
„Also, – wer Erster am Affenhaus ist!"

6 Salinenkrebse (▶ Wüstentiere) züchten: Besorge dir aus der Tierhandlung Artemia-Eier. Schneide eine Plastikflasche halb durch und fülle sie mit Salzwasser. Für 0,5 l brauchst du 16 g Salz. Eine Spatelspitze Eier genügt. Schon am nächsten Tag schlüpfen die ersten Krebse. Wenn du sie mit einer Lampe beleuchtest, kommen sie zum Licht und du kannst sie mit einer Lupe beobachten. Lege Eier und Tiere auch unter das Binokular. Nach 3 Wochen können sie 2 bis 3 cm groß werden, wenn man sie mit Spezialfutter füttert.

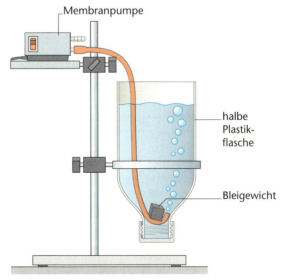

▶ Wüstentiere 49 ▶ Wüstenpflanzen 48 **37** ▶ Steckbrief 42

INFOTHEK

▶ Arktis

Die Arktis liegt im äußersten Norden unserer Erde. Dazu gehören das Polarmeer um den Nordpol herum und die nördlichen Gebiete von Asien, Skandinavien, der Insel Grönland sowie Nordkanada und Alaska.
Auf dem Festland sind im Winter Temperaturen bis −80 °C möglich. Wärmer wird es zum Wasser hin: An der Eiskante sinkt die Temperatur meist nicht unter −15 °C. Im Sommer steigt die Durchschnittstemperatur im wärmsten Monat auf dem Festland bis zu +10 °C. Dabei taut nur die oberste Bodenschicht auf. Darunter bleibt der Boden manchmal bis zu einer Tiefe von 600 m gefroren.

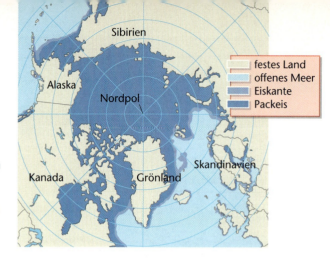

Im Sommer wird es in der Arktis nachts nicht dunkel, im Winter tagsüber nicht hell.

▶ Arktische Pflanzen

Im rauhen Klima der Arktis können nur wenige Landpflanzen überleben. Dazu gehören vor allem einige Gräser, Moose und Flechten (Gemeinschaften aus Pilzen und Algen). Im Winter verhindern einige Pflanzen durch Frostschutzmittel, dass spitze Eiskristalle ihre Zellwände zerstören. Ein wichtiger Lebensraum für Pflanzen liegt im Meer. In Küstennähe gibt es Seegraswiesen und viele Arten von Algen und Seetang. Die Unterseite von Eisflächen ist von riesigen Mengen winziger Pflanzen, hauptsächlich Kieselalgen, besetzt. Sie bieten reichlich Nahrung für kleine Tiere, die wiederum von Fischen, Robben und Walen gefressen werden (Nahrungskette).

▶ Arktische Tiere

Kein Tier kann überleben, wenn das körpereigene Wasser in den Zellen gefriert. Zum Überwintern gibt es für die Tiere verschiedene Möglichkeiten:
Die meisten Vögel, einige Landsäugetiere, aber auch Wale und Robben ziehen im Winter nach Süden in wärmere Gebiete. Andere Tiere verfallen an einem nicht zu kalten Ort in eine Kältestarre und „verschlafen" so die kalte Jahreszeit. Die meisten Landtiere sind jedoch auch im Winter aktiv. Sie müssen ihre Wärme selbst erzeugen. Viel fettreiche Nahrung hilft ihnen dabei. Durch ein dichtes Fell schützen sie sich vor Wärmeverlusten.

Eisbär

Eisbären können weit über 500 kg schwer werden und aufgerichtet eine Größe von über 3 m erreichen. Ihre Hauptnahrung besteht aus Robben und jungen Walrossen, die sie an der Grenze des Meereises erbeuten. Im Sommer fressen sich die Bären eine dicke Speckschicht an. So können sie auch im Winter überleben, wenn sie weniger Nahrung finden.
Die meisten Eisbären ziehen mit dem zurückweichenden Eis im Sommer nach Norden. Zwischen Eisflächen können sie problemlos Entfernungen von über 100 km schwimmend zurücklegen.
Vor allem Eisbärweibchen bleiben im Winter auf dem Festland. Sie verschlafen die kalte Jahreszeit in Schneehöhlen. Dort bringen die Weibchen auch ihre Jungen zur Welt. Drei Jahre lang kümmern sich Eisbärmütter liebevoll um ihre Jungen und bringen ihnen bei, im Eis zu überleben.

Polarfuchs

Der Polar- oder Eisfuchs besitzt ein sehr dichtes, langhaariges Fell, das ihn auch bei Temperaturen von weniger als −40 °C bestens wärmt. Über seine kurzen Beine und kleinen Ohren wird nur wenig Wärme nach außen abgegeben. Der Polarfuchs hält keinen Winterschlaf, ist also das ganze Jahr über aktiv. Er ernährt sich von kleinen Nagetieren und Lemmingen, plündert auch gelegentlich die Nester von bodenbrütenden Vögeln. Im Winter folgt er oft Eisbären, um sich von den Überresten ihrer Mahlzeiten zu ernähren. Anders als Eisbären können Polarfüchse jedoch nicht ins Wasser gehen und schwimmen. Sie besitzen keine sehr dicke Fettschicht. Wenn ihr Fell nass ist, schützt es nicht mehr gegen Kälte.

Robben

In arktischen Gewässern leben Walrosse und verschiedene Arten von Hundsrobben, wie z. B. die Ringelrobbe. Walrosse erkennt man leicht an ihren großen Stoßzähnen. Hundsrobben haben – anders als Seelöwen oder Seebären – keine Ohrmuscheln. Sie schwimmen durch Schläge der Schwanzflosse, während Seelöwen die Vorderflossen benutzen. Seelöwen können an Land auf ihren Flossen laufen, Hundsrobben bewegen sich raupenartig auf dem Bauch fort.

Robben des Polarmeeres sind Säugetiere, die sich dem Leben im kalten Wasser angepasst haben. Sie ernähren sich hauptsächlich von Heringen, Dorschen und Tintenfischen. Ihre größten Feinde sind Eisbären und Schwertwale.

▶ Brotrezept

Baguette

500 g Weizenmehl in eine Rührschüssel sieben und mit 1 Päckchen Trockenhefe vermischen. Dann werden 1 Teelöffel Salz, 1 Esslöffel Speiseöl, 125 ml lauwarme Milch und 200 ml lauwarmes Wasser hinzugefügt. Alle Zutaten werden nun mit einem Knetrührer zu einem glatten Teig verarbeitet (5 Minuten). Der Teig muss an einem warmen Ort so lange gehen, bis er sich sichtbar vergrößert hat. Anschließend wird er auf einer bemehlten Arbeitsfläche gut durchgeknetet und zu zwei etwa 40 cm langen Rollen geformt. Diese werden dann auf ein mit Backpapier belegtes Backblech gelegt. Sie müssen jetzt noch einmal gehen, bis sie sich wieder sichtbar vergrößert haben. Die Teigoberfläche wird nun mehrmals schräg eingeschnitten und mit Wasser bestrichen. Das Backblech mit den Broten kommt für 25 bis 30 Minuten in den vorgeheizten Ofen (Ober-/Unterhitze 225 °C, Heißluft 200 °C). Kurz vor Ende der Backzeit werden die beiden Brote noch einmal mit Wasser bestrichen (Vorsicht – sehr heiß!).

▶ Fühlbox

Eine Fühl- oder Tastbox kannst du einfach aus einem Schuhkarton und etwas Stoff herstellen. Mit ihr kannst du austesten, wie fein dein Fingerspitzentastsinn ist. Gegenstände, die sich in der Box befinden, kannst du zwar nicht sehen, aber mit deinen Fingerspitzen ertasten.

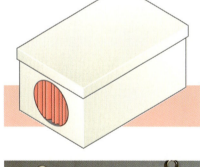

▶ Grad Celsius (°C)

Temperaturen werden mit einem Thermometer gemessen. Dabei wird die Einteilung der Temperatur in Grad Celsius angegeben. Diese Einteilung wurde 1742 von einem schwedischen Forscher mit dem Namen Anders Celsius eingeführt. Grundlage seiner Einteilung waren der Schmelzpunkt (0 Grad Celsius) und der Siedepunkt (100 Grad Celsius) des Wassers.

▶ Hygrometer

Mit einem Hygrometer wird die Luftfeuchtigkeit gemessen. In diesem Messgerät befinden sich Menschen- oder Pferdehaare, die bei hoher Luftfeuchtigkeit (80 bis 100%) länger werden: Der Zeiger geht nach rechts. Bei niedriger Luftfeuchtigkeit (0 bis 50%) werden die Haare kürzer: Der Zeiger geht nach links. Die Luftfeuchtigkeit von Wohnräumen sollte um 70% liegen.

▶ Insekten

Die Insekten sind die artenreichste Tiergruppe auf unserer Erde. Sie haben fast alle Bereiche der Erde besiedelt. Bisher sind mehr als 1 000 000 Arten bekannt. Bei Untersuchungen z. B. in den tropischen Regenwäldern werden noch immer neue Arten entdeckt. Insekten haben im Gegensatz zu Wirbeltieren kein inneres Skelett, sondern einen Chitinpanzer, der den Körper stützt. Ihr Körper ist in Kopf, Brust und Hinterleib gegliedert, sie besitzen drei Beinpaare und häufig ein bis zwei Paar Flügel.

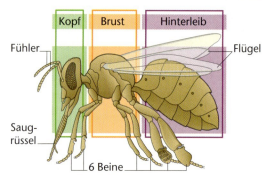

▶ Insektenkasten

Grundplatte (Spanplatte 1 cm dick, Größe 40 x 25 cm) mit aufgeschraubten gehobelten Leisten (1,7 x 3,4 cm)

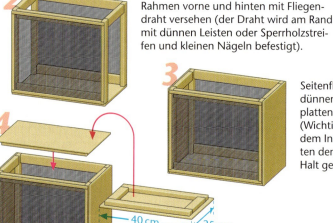

Rahmen vorne und hinten mit Fliegendraht versehen (der Draht wird am Rand mit dünnen Leisten oder Sperrholzstreifen und kleinen Nägeln befestigt).

Seitenflächen mit dünnen Sperrholzplatten abdecken (Wichtig, da sie dem Insektenkasten den nötigen Halt geben).

Passender Holzdeckel aus Sperrholz, auf den auf der Unterseite ein Rahmen so aufgeleimt wird, dass er ohne zu verrutschen in die Öffnung des Kastens passt.

▶ Kartoffel

Die Kartoffel ist für viele Menschen eines der wichtigsten Nahrungsmittel. Ursprünglich war sie in Südamerika beheimatet, wo sie von den Indios schon vor mehr als 2000 Jahren angebaut wurde. Ungefähr 1550 gelangte sie durch spanische Seeleute nach Spanien und von dort aus nach ganz Europa. Erst im 18. Jahrhundert wurde ihre Bedeutung in Europa richtig bekannt, als die Menschen von Hungersnöten geplagt wurden. Besondere Verdienste um den Anbau der Kartoffel in Deutschland erwarb sich Friedrich der Große von Preußen. Er verteilte Saatkartoffeln an seine Bauern und verpflichtete sie, diese Kartoffeln anzubauen. Da die Kartoffelknolle gut über den Winter gelagert werden kann, hatten die Menschen nun auch zu dieser Jahreszeit genügend zu essen.

▶ Klimadaten

Sonneneinstrahlung, Temperatur, Feuchte, Wind, Bewölkung und Niederschlag bestimmen das so genannte Klima in verschiedenen Bereichen unserer Erde. Am Äquator gibt es zum Beispiel ein tropisches Klima, an den Polen ein Eisklima. In Zentraleuropa leben wir in einem warmgemäßigten Klima.

Diese Daten wurden in Düsseldorf gemessen:

Jahresniederschläge	722 mm
Durchschnittstemperatur Juli	23,6 °C
Durchschnittstemperatur Januar	+ 4,4 °C
Tageslänge Sommer	19 Stunden
Tageslänge Winter	9 Stunden

▶ Kompass

Der Kompass ist ein Instrument zur Bestimmung der Himmelsrichtung. Beim Magnetkompass zeigt die Kompassnadel immer in Richtung auf den magnetischen Nordpol, sodass die Himmelsrichtung zum Beispiel der Klassenraumfenster genau bestimmt werden kann.

Kompass

Windrose

▶ Milchkuh

Als Milchkühe werden weibliche Rinder bezeichnet, die nach der Geburt eines Kälbchens Milch erzeugen. Gute Milchkühe geben pro Jahr bis zu 7000 l, in besonderen Fällen sogar bis zu 10 000 l Milch. Durch Zucht werden diese Leistungen immer weiter gesteigert.

▶ Nahrungskette

Nahrungsketten im Wald sind zum Beispiel:
- Gras → Reh → Fuchs
- Haselnuss → Eichhörnchen → Sperber
- Gras → Maus → Schlange → Sperber
- Fichtenzapfen → Eichelhäher → Fuchs
- Eichel → Eichelhäher → Sperber
- Grasfrosch → Schlange → Sperber
- Fichte → Borkenkäfer → Ameise → Buntspecht → Sperber

Eine Nahrungskette im arktischen Lebensraum ist zum Beispiel:
- Pflanzliches Plankton → tierisches Plankton → Hering → Robbe → Eisbär

Der Pfeil bedeutet immer: „…wird/werden gefressen von…". Der Pfeil zwischen Eichhörnchen und Sperber bedeutet also:
Das Eichhörnchen wird gefressen vom Sperber.

Grüne Pflanzen stehen mit Blättern, Holz, Samen und Früchten am Anfang jeder Nahrungskette, sie sind die **Erzeuger** der Nahrung. Die Pflanzenfresser verbrauchen diese Nahrung und werden selbst zur Nahrung für die Fleischfresser. Alle Tiere sind **Verbraucher.**

▶ Nahrungsnetz

Die Lebensgemeinschaft der Tiere und Pflanzen des Waldes bildet ein **Nahrungsnetz** aus vielen miteinander verknüpften Nahrungsketten.

Fichtenzapfen → Eichelhäher → Sperber
                                  ↑
                        Buntspecht
                ↑   ↑
Fichtenzweig → Borkenkäfer → Ameise

▶ Naturjogurt

Jogurt ist ein Sauermilchprodukt, das durch Einwirkung bestimmter Bakterien aus Vollmilch entsteht. Naturjogurt wird bei der Produktion nicht verändert oder erhitzt, sodass die Bakterien nicht abgetötet werden. Naturjogurt könnt ihr deshalb gut für eure eigene Jogurtproduktion benutzen. Mit anderen Jogurts funktioniert es nicht.

▶ **Protokoll**

In einem Protokoll werden wichtige Beobachtungen oder Ergebnisse eines Versuches festgehalten. Neben dem Datum sollten die verwendeten Materialien oder benutzten Gegenstände genannt werden. Des Weiteren müssen Angaben über den Versuchsaufbau enthalten sein. Dies kann durch eine Beschreibung oder eine Skizze erfolgen. Wichtig sind die gefundenen Ergebnisse, die zum Beispiel in Form einer Tabelle zusammengestellt sein können.

▶ **Säugetiere**

Die Säugetiere oder Säuger sind eine Klasse der Wirbeltiere, zu der über 4000 Arten zählen. Da sie wie die Vögel gleichwarme Tiere sind – sie haben immer eine feste Körpertemperatur – haben sie fast alle Gebiete der Erde besiedelt. Diese gleich bleibende Körpertemperatur wird durch das isolierende Fell oder die Fettschicht erreicht. Der Name „Säugetier" ist darauf zurückzuführen, dass sie ihre neugeborenen Jungen mit Milch ernähren, die diese aus der Brust, den Zitzen oder dem Euter der Muttertiere saugen.

▶ **Steckbrief**

Früher bekamen Polizisten, die eine unbekannte Person suchen sollten, einen „Brief" mit einer kurzen Beschreibung „zugesteckt". Ein solcher „Steckbrief" muss möglichst genau sein, aber auch kurz und knapp, sodass man schnell das Wichtigste erfährt. Steckbriefe eignen sich auch, um das Wichtigste über Tiere und Pflanzen mitzuteilen.

Steckbrief Königstiger

Körpermerkmale
Schulterhöhe: 95 cm
Länge: bis 3 m (vom Kopf bis Schwanzspitze)
Gewicht: Männchen bis 260 kg

Verhaltensmerkmale
Einzelgänger, Nachtjäger, große Jagdreviere bis 50 Quadratkilometer
Nahrung: Büffel, Hirsche, Wildschweine, Affen
Laute: Brüllen, Knurren, Schnurren

Fortpflanzung
Paarungszeit: im Frühling
Trächtigkeit: 15 Wochen
Jungtiere: meist 2 bis 4, blind in den ersten 10 Tagen

Verwandtschaft
Säugetier, Raubkatze, es gibt 7 Tigerarten, die größte Katze der Welt ist der Sibirische Tiger, der Säbelzahntiger ist ausgestorben

Besondere Merkmale
Tiger können Beutetiere töten, die mehr als doppelt so schwer sind wie sie selbst (bis 700 kg)! Solche großen Beutetiere werden mit einem Biss in die Kehle erstickt.

Tiger greifen meist von hinten an. Menschen, die in Tigergebieten leben, versuchen sich dagegen zu schützen, indem sie auf dem Hinterkopf eine Gesichtsmaske tragen.

Verbreitungsgebiet
Vorkommen: Der Königstiger ist nur noch in den Sümpfen des Gangesdelta in Indien und in Bangladesh häufig (Tigerschutzgebiet).
Artenschutz: Tiger beanspruchen riesige Reviere, in denen sie keinen anderen Tiger dulden. Nur in der Paarungszeit „besuchen" die Männchen die Weibchen. Tigerschutzgebiete müssen deshalb besonders groß sein.

▶ Tierspuren

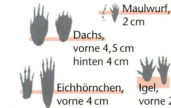
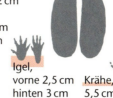

Seite 25 zeigt Spuren vom:
a = Waldkauz (Gewölle)
b = Buntspecht
c = Eichhörnchen
d = Kaninchen (Kot)
e = Wildschwein

▶ Vitamine

Vitamine sind Stoffe, die für das Überleben des Menschen von größter Bedeutung sind. Sie müssen täglich mit der Nahrung aufgenommen werden. Dabei genügen zum Teil geringe Mengen.

Vitamin	Wo kommt es vor?	Was passiert, wenn es fehlt?
A	Karotten, Tomaten, Milchprodukte, Leber, Eidotter	Nachtblindheit, Schädigungen an den Augen
B_1	Erbsen, Bohnen, Linsen, Schweinefleisch, Erdnüsse	Entzündungen des Nervensystems, Herzmuskelschwäche
B_2	Milchprodukte, Fleisch, Leber, Gemüse	Gesichtsekzeme
B_{12}	Fleisch, Eier, Milchprodukte, Leber	Anämie (Blutarmut)
C	frische Früchte und Gemüse, insbesondere Citrusfrüchte	Skorbut (Müdigkeit, Muskelschwäche, Zahnausfall), Infektionsanfälligkeit
D	Milchprodukte, Eidotter, Lebertran	Rachitis (Knochenerweichung)

▶ Wald

Wälder als Lebensgemeinschaften von Pflanzen und Tieren sind von großer Bedeutung für den Menschen. Er nutzt den Wald nicht nur als Holzlieferant. Die Pflanzen der Wälder geben Sauerstoff für die Atmung von Mensch und Tier ab, sie gleichen tägliche Temperaturschwankungen aus, filtern und befeuchten die Luft. Der Wald wird deshalb gern zur Erholung aufgesucht. Wälder sind wichtige Wasserspeicher. Die Wurzeln der Bäume und anderer Waldpflanzen halten den Boden fest. Ohne Waldbewuchs würden unsere Berge durch Wind und Wasser bis aufs nackte Gestein abgetragen werden.

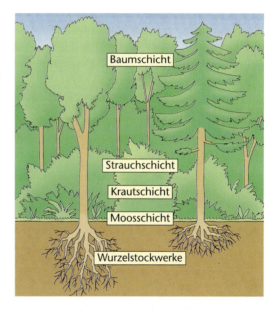

In einem natürlichen **Mischwald**, in dem Laub- und Nadelbäume unterschiedlichen Alters wachsen, kann man wie an einem großen Haus mehrere **Stockwerke** über der Erde und ein Kellerstockwerk unterscheiden. In einem **Laubmischwald** stehen die Bäume meist noch licht beieinander. Die Blattkronen der Eichen, Buchen, des Ahorns, der Birken und Eschen lassen genügend Licht auf den Boden fallen. Sträucher und Kräuter können sich gut entfalten. Da ist es in einem **Nadelmischwald** mit Fichten, Kiefern, Lärchen und Eiben schon dunkler, die Strauch- und Krautschicht ist kaum ausgebildet. Nur manche Moose und die Pilze können mit dem Lichtmangel zurechtkommen. Ganz dunkel wird es, wenn z. B. nur Fichten angepflanzt wurden. Man nennt das eine **Monokultur**. Fichtenmonokulturen sind sehr sturmanfällig, da der Wind ungebremst hindurchstürmen kann, sie sind auch brandgefährdet.

▶ Waldpflanzen

Die **Lärche** wirft als einziger einheimischer Nadelbaum im Winter ihre hellgrünen, weichen Nadeln ab, die in Büscheln an den älteren Trieben sitzen. Die Zapfen sind auffällig klein.

Die **Fichte** ist ein verhältnismäßig schnellwüchsiger Nadelbaum mit rötlich brauner Borke, der im Alter zwischen 70 und 100 Jahren Ertrag bringt. Die spitzen, vierkantigen Nadeln stehen gleichmäßig um den Zweig. Die reifen hängenden Zapfen mit den Samen fallen als Ganzes ab.

Die flachen, vorne stumpfen Nadeln der **Weißtanne** stehen in zwei Zeilen am Zweig angeordnet. Die reifen aufrecht stehenden Zapfen geben die Samen frei, die Zapfenschuppen fallen ab, zurück bleibt die leere Spindel.

Die Blüten und Eicheln der **Stieleiche** sitzen an langen Stielen, die Blätter mit gebuchteten Rändern dagegen sind ganz kurz gestielt. Im Alter hat die schwarzgraue Borke tiefe Furchen.

Die Blätter der **Sommerlinde** sind herzförmig und zugespitzt. Wenige kugelige Früchte hängen an einem Flugblatt. Die Rinde ist dunkelgrau mit feinen, senkrechten Furchen. Aus den Blüten wird ein schweißtreibender Tee hergestellt.
⚕ **Blüten**

An der weißen Borke kann man die **Weißbirke** gut erkennen. Die gezähnten Blätter sind fast dreieckig. Die Samen aus den walzigen Fruchtständen haben kleine Flügel und können so gut durch den Wind verbreitet werden. Die Zweige hängen häufig nach unten.

Der **Spitzahorn** hat einen auffallend geraden Stamm. Seine graubraune Rinde hat flache, netzartige Furchen. Die Früchte haben zwei propellerförmige Flügel, die fast in einer Linie stehen.

Der **Schwarze Holunder** wird bis zu 7 m hoch. Die Blätter sind unpaarig gefiedert. Die weißlich gelben, duftenden Blüten stehen in schirmförmigen Blütenständen. Die anfangs grünen, giftigen Früchte werden vollreif blauschwarz und können dann zu Saft und Gelee verarbeitet werden. Hilft bei Erkältungen.
⚕ **Blüten, Früchte**

Der **Weißdorn** steht als bis zu 5 m hoher Strauch am Waldrand. Die Blätter sind tief 3-5-geteilt. Die Blüten stehen dicht beisammen, sodass der im Mai/Juni blühende Strauch weiß aussieht. Die Früchte sind rot. Hilft bei Herz- und Kreislaufbeschwerden.
⚕ **Blüten, Früchte**

Die **Brombeere** bildet ein dichtes Gestrüpp. Will man die Früchte ernten, darf man sich nicht durch die Stacheln abschrecken lassen. Hilft bei Heiserkeit (Früchte) und Durchfall (Blätter).
⚕ **Blätter, Früchte**

Das **Große Springkraut** hat auch den Beinamen „Rühr-mich-nicht-an". Berührt man dennoch die reife Fruchtkapsel, rollen sich deren Wände blitzartig auf und schleudern die Samen bis zu 2 m weit.

Der **Rote Fingerhut** wächst in hellen Wäldern und an Waldrändern. Alle Teile sind stark giftig. Dennoch werden aus der Pflanze Herzmittel hergestellt.
Giftpflanze ☠

Alle Farne bilden keine Blüten und Samen, sondern verbreiten sich durch Sporen (Sporenpflanzen). Der **Wurmfarn** bildet die Sporen an der Unterseite der Wedel. Die jungen Wedel sind zunächst spiralig aufgerollt wie eine Uhrfeder und entrollen sich beim Wachstum. Aus dem Wurzelstock stellt man Mittel gegen Bandwürmer her.
⚕ **Wurzel**

Das **Johanniskraut** bildet in seinen Blättern Tröpfchen eines schnell verdunstenden Öles. Es fördert die Wundheilung und die Verdauung und wirkt bei Unruhe und Niedergeschlagenheit.
⚕ **Ganzes Kraut**

Moose sind ebenfalls Sporenpflanzen. Beim **Frauenhaarmoos** werden die Sporen in gestielten Kapseln gebildet. Die Moospolster sind sehr wichtig für die Wasserspeicherung des Waldes.

⚕ = **Heilpflanze**
☠ = **giftig**

Der **Steinpilz** ist einer der besten Speisepilze. Sein bis zu 20 cm großer Hut besitzt an der Unterseite ganz feine Röhren (Röhrenpilz) mit jung weißen, später gelblichen Mündungen. Der Stiel ist hell bräunlich.
Achtung: Nie Pilze ohne fachkundige Führung sammeln!

Die **Goldgelbe Koralle** findet man meistens in höher gelegenen Nadelwäldern. Der Pilzkörper ist gabelartig verzweigt und hat dadurch ein ganz anderes Aussehen als die bekannteren Hutpilze. Nur jung essbar!

Der **Pfifferling** hat an der Hutunterseite Leisten, die weit am Stiel herablaufen. Dieser beliebte Speisepilz riecht angenehm und schmeckt pfefferartig (Name!). Er ist selten geworden, da er oft gesammelt wird.

Der sehr giftige **Satansröhrling** kann leicht mit dem Steinpilz verwechselt werden. Unterscheidungsmerkmale sind seine im Alter rötlichen Röhrenmündungen und der Stiel mit einem roten feinmaschigen Adernetz

▶ Waldschäden

Luftverschmutzung ist die Hauptursache des Waldsterbens. Schwefeldioxid und Stickoxide kommen in großen Mengen aus den Schornsteinen von Kraftwerken und Industriebetrieben, aus den Auspüffen der Autos und aus den Kaminen unserer Wohnhäuser. Der Wind trägt diese Schadstoffe in die Wälder, dort schädigen sie die Blätter und Nadeln der Bäume. Mit dem Regenwasser verbinden sich die Schadstoffe zum „sauren Regen". Sie gelangen ins Bodenwasser, vernichten nützliche Bodenlebewesen und lassen die feinen Baumwurzeln verkümmern. Die Bäume werden krank.

▶ Waldtiere

Fuchs. Beute: vor allem Mäuse und andere Kleintiere der Krautschicht, auch kranke und tote Tiere. Daneben saftige Waldfrüchte. Bewohnter Fuchsbau an Gestank erkennbar: Beutereste verfaulen. Tollwutüberträger.

Baummarder. Beute: Eichhörnchen, Vögel, kleine Säugetiere. Sprungweite bis zu 3 m. Frisst im Herbst auch Beeren und andere Früchte.

Eichhörnchen. Nahrung: Baumsamen, Früchte, Pilze, Insekten. Auch Vogeleier oder Vogelbrut. Legt im Herbst Vorräte in Baumnest an. Benagt im Winter junge Nadelbaumtriebe. Reste unter den Bäumen. Fressfeinde: Baummarder, Sperber.

Reh. Nahrung: Gras, Kräuter, Blätter, junge Zweige, bei Futtermangel im Winter auch Rinde. Schädigt bei Übervölkerung Bäume (Wildverbiss). Braucht dichte Strauchschicht als Schutz vor Feinden.

Waldmaus. Nahrung: Insekten, Schnecken, Früchte, Samen. Langer Schwanz zum Balancieren auf Ästen und Zweigen. Baut Erdhöhlen mit Wintervorräten (Eicheln, Bucheckern u. a.).

Dachs. Nahrung: Eicheln, Wurzeln, Vogeleier, Frösche, kleine Säugetiere, Insekten und ihre Larven. Lebt sehr versteckt. Gänge des Baus 5 bis 10 m lang, bis zu 5 m tief. Erst in der Abenddämmerung aktiv.

Wildschwein. Allesfresser: Sucht in der Abenddämmerung nach Waldfrüchten, Wurzeln, Insektenlarven, Jungvögeln und Kleinsäugern. Lebt in weiten Wäldern mit dichter Strauchschicht.

Kohlmeise. Nest aus Moos wird mit Haaren und Federn ausgepolstert. Gelege mit bis zu 12 Eiern. Meiseneltern tragen zur Jungenaufzucht viele Insekteneier, Spinnen, Raupen und Schmetterlinge herbei. Fressfeinde: Habicht, Sperber.

Buntspecht. Kann mit Kletterfüßen und Stützschwanz senkrecht an Baumstämmen hinaufklettern. Spürt mit Meißelschnabel und langer Zunge Insekten unter der Rinde auf. Nahrung im Herbst und Winter: vor allem Samen der Waldbäume.

Waldkauz. Sucht erst in der Dämmerung und nachts seine Beute: kleine Säugetiere, Vögel, Frösche, Insekten. Unverdaute Reste der Nahrung werden als Gewölle ausgewürgt.

Sperber. Beute: Im Sommer hauptsächlich Vögel bis Rebhuhngröße, im Herbst und Winter überwiegend Mäuse. Wenn diese in Massen auftreten, sorgt er für eine natürliche Regulierung. Fliegt Beute meist dicht über dem Boden an.

Blindschleiche. Eidechsenart ohne Gliedmaßen, bis zu 50 cm lang. Nahrung: Nacktschnecken, Würmer, Tausendfüßer und Insektenlarven. Bevorzugt Laubwälder mit feuchtem Erdreich.

Feuersalamander. Sucht nachts nach Regenwürmern, Schnecken, Insekten und Spinnen. In Laubwäldern mit klaren Bächen, tagsüber versteckt in Erdlöchern.

Schlupfwespe. Spürt mit Legestachel Borkenkäferlarven unter der Rinde auf, legt je ein Ei hinein. Ausschlüpfende Larve ernährt sich von Borkenkäferlarve, die dadurch zugrunde geht.

Ei
Larve
Puppe
Käfer natürliche Größe: 5 mm
Eier

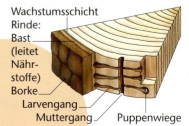

Wachstumsschicht
Rinde: Bast (leitet Nährstoffe)
Borke
Larvengang
Muttergang
Puppenwiege

Borkenkäfer (Buchdrucker). Größe 5 mm. Bohrt sich durch die Baumrinde in die Bastschicht. Weibchen frisst Gänge, legt in kleine Nischen je ein Ei, insgesamt 50 bis 100. Jede ausschlüpfende Larve frisst einen seitlichen Gang in den Bast. Nährstofftransport des Baumes wird unterbrochen. Vollständige Verwandlung: Larve-Puppe-Käfer.

Waldameisen. Allesfresser: Larven (Raupen) von Schadinsekten, tote Tiere, süße Ausscheidungen von Blattläusen, Saft beschädigter Bäume oder reifer Früchte. Leben als Volk zusammen. Bis zu 600 000 Tiere in einem Ameisenhaufen.

Ameisenhaufen

Nestkern mit Königinnen
Larven
Puppen
Eier

Schematischer Schnitt

▶ Wirbeltiere

Stell dir vor, du könntest alle Tiere dieser Erde in einer großen Kiste sammeln und ansehen. Auf dieser Kiste klebt das Schild: „Tiere". Wenn du genau hinsiehst, findest du in dieser Kiste Tiere, die sich ähnlich sehen und gemeinsame Merkmale haben. Da gibt es zum Beispiel Tiere, die haben eine Wirbelsäule, meist Knochen und einen Schädel, in dem das Gehirn geschützt untergebracht ist. Diese Tiere kommen in eine Schachtel mit dem Schild „Wirbeltiere". Alle anderen Tiere haben keine Wirbelsäule und kommen in die Schachtel mit dem Schild „Wirbellose Tiere". Betrachtest du jetzt nur die Tiere in der Schachtel „Wirbeltiere", so fällt auf, dass es wieder Tiere gibt, die sich besonders ähnlich sind. Unter dem Stichwort „Wirbeltiere bestimmen" kannst du wichtige gemeinsame Merkmale herausfinden und die Wirbeltiere in 5 noch kleinere Schächtelchen einsortieren. Und wie das Bild auf der nächsten Seite oben zeigt, ist auch darin noch Platz für weitere noch kleinere Schächtelchen, zum Beispiel in der Schachtel Säugetiere.

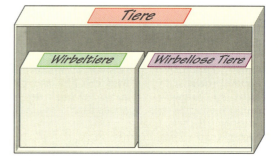

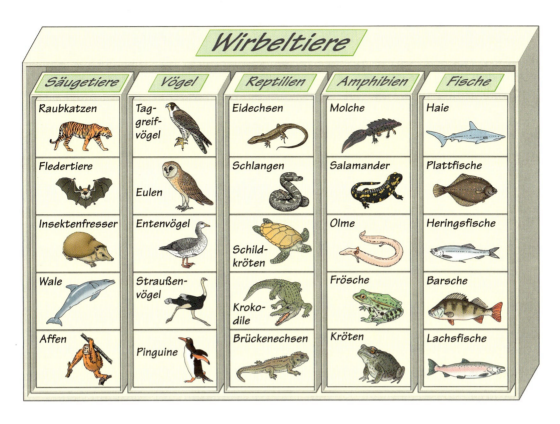

Wirbeltiere bestimmen

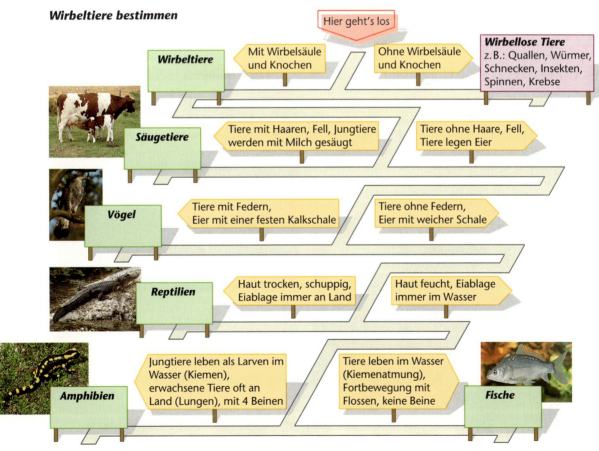

▶ Wüste

Als Wüste bezeichnet man ein Gebiet, in dem nur wenige Pflanzen wachsen und nur wenige Tiere leben können, weil es weniger als 250 mm Niederschläge im Jahr gibt. Mehr als ein Fünftel der Landoberfläche der Erde haben viele Monate genug Wärme, um Pflanzen wachsen zu lassen, aber nur selten Regen. In manchen Wüsten gibt es eine kurze Regenzeit, aber es gibt auch Wüsten, in denen es jahrelang nicht regnet.
Die größte Wüste der Erde ist die Sahara. Sie ist 25-mal so groß wie Deutschland.

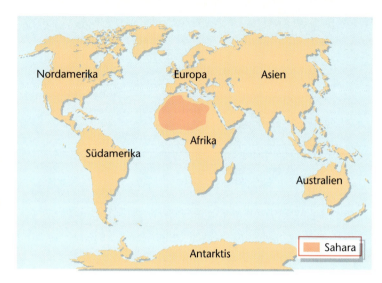

▶ Wüstenpflanzen

Alle Wüstenpflanzen müssen lange Trockenzeiten überstehen. Es gibt Dauerpflanzen und jahreszeitliche Pflanzen. Die jahreszeitlichen Pflanzen leben nur kurze Zeit, um dann als Samen jahrelang auf den nächsten Regen zu warten. Die ausdauernden Pflanzen verschaffen sich das nötige Wasser auf verschiedene Weise. Manche können in ihrem fleischigen Gewebe viel Wasser speichern, andere bilden ein riesiges Wurzelgeflecht aus, wieder andere reichen mit ihren Wurzeln tief in die Erde, um an Grundwasser zu kommen.

Akazie
Sie hat kleine, ledrige Blätter, die gut vor dem Austrocknen geschützt sind. Sie schmecken bitter, sodass Tiere nicht zu viele ihrer Blätter fressen können. Die Wurzeln der Akazie können 30 m tief reichen.

Kakteen
Kakteen wachsen in den Wüsten und Steppen Amerikas. Ihr fleischiges Gewebe enthält große Mengen Flüssigkeit. Damit können sie lange Zeit ohne Regen auskommen. Ihre äußere Schicht ist ledrig und schützt vor Verdunstung. Viele Kakteen haben Dornen. So werden sie nicht von größeren Tieren gefressen. Die Blüten werden von Insekten, Vögeln oder Fledermäusen bestäubt. Viele Arten sind als Zierpflanzen beliebt, zum Beispiel Schlangenkaktus, Säulenkaktus oder Gliederkaktus.

Opuntien

Der Kandelaberkaktus kann 20 m hoch werden. Die Reichweite seiner Wurzeln entspricht der Fläche eines halben Fußballfeldes.
Die stacheligen Opuntien Südeuropas und Afrikas wachsen dort erst seit der Entdeckung Amerikas. (Andere kakteenähnliche Pflanzenarten Afrikas oder der Kanarischen Inseln gehören zu den Wolfsmilchgewächsen.)

Akazie

▶ Wüstentiere

Tiere, die in der Wüste überleben können, müssen sich äußerst gut vor Feuchtigkeitsverlust schützen. Bei der Hitze am Tag ist das kaum möglich. Deshalb sind die meisten Tiere nachtaktiv. Ihre Augen sind sehr groß, so können sie auch nachts sehen. Wasserverlust durch Atmen und durch die Ausscheidungen von Kot und Urin sind bei allen Wüstentieren so gering wie möglich.

Dromedar
Zur Familie der Kamele gehören das Dromedar mit einem Höcker und das Trampeltier mit zwei Höckern. Als Lasttiere waren sie für Wüstenreisen unentbehrlich. Das Dromedar wird in Nordafrika und Arabien als Reit- und Tragetier für Karawanen genutzt, das Trampeltier in den Wüsten Asiens.
Kamele können viele Tage ohne Wasser auskommen. Sie schwitzen erst, wenn ihre Körpertemperatur über 40 °C steigt. Sie scheiden nur wenig Wasser aus, ihr Urin ist hochkonzentriert. Nach einer langen Reise durch die Wüste können sie 120 l Wasser in kürzester Zeit trinken. Ihr Körper ist gut für das Leben in der Wüste geeignet: gegen Flugsand verschließbare zusätzliche Augenlider, verschließbare Nasenlöcher, breite Füße mit dicken Sohlen.

Fennek
Der Fennek, auch Wüstenfuchs genannt, hat eine Körperlänge von etwa 35 cm, eine Schwanzlänge von 20 bis 30 cm, die Ohren sind mehr als 15 cm lang. Damit ist er kleiner als der bei uns lebende Rotfuchs, der 60 bis 90 cm lang ist und einen über 35 cm langen Schwanz hat.
Der Fennek kann in der Wüste existieren, weil er ein Allesfresser ist. Seine Nahrung besteht nicht nur aus Nagetieren, sondern auch aus Insekten , Eidechsen und Datteln. Er lebt in den Wüstengebieten Nordafrikas. Sein nordamerikanischer Verwandter ist der Kitfuchs.

Klapperschlangen
Klapperschlangen leben vor allem in den trockenen Gebieten Nordamerikas. Es gibt kleinere wie den Seitenwinder, der bis 75 cm lang wird, aber auch bis zu 2 m lange Prärieklapperschlangen. Das Klappern der Giftschlangen ist eine Warnung für Feinde und entsteht durch lose Hautringe am Schwanzende. Klapperschlangen ernähren sich überwiegend von Säugetieren .

Salinenkrebse
(Artemia) Sie sind nahezu weltweit verbreitet. Die bei uns in Zoohandlungen angebotenen Eier kommen von den Salzseen in den USA. Die Eier können jahrelange Trockenheit überstehen. Aus den Eiern schlüpfen die Larven des Krebses, Nauplien genannt. Sie können zwar hohe Salzkonzentrationen aushalten, sind aber empfindlich gegen Bakterien.

Schwarzkäfer
In der Namibwüste leben Schwarzkäfer, die ihr Trinkwasser aus der Luft gewinnen. Ein Schwarzkäfer muss nachts stundenlang ruhig warten, bis feuchter Nebel einen dicken Tropfen auf ihm gebildet hat, den er dann morgens trinken kann.

Skorpione
Skorpione gehören zu den Spinnentieren und kommen in heißen Ländern vor. Sie sind nachtaktiv und fressen Insekten, die sie mit einem Stich ihres Giftstachels am Ende ihres Schwanzes töten. Sehen können sie nicht gut, aber sie greifen nach allem, was sich bewegt und ihnen zu nahe kommt. Menschen greifen sie nur an, wenn sie sich bedroht fühlen. Das Gift der meisten Arten ist nicht gefährlicher als das einer Wespe. Eine Ausnahme ist allerdings der Sahara-Skorpion. Er ist sehr giftig und kann sogar Menschen gefährlich werden.

Wüstenspringmäuse
Die Wüstenspringmäuse gehören nicht zu den Rennmäusen. Sie sind 10 bis 15 cm lang, der Schwanz ist um einiges länger. Mit ihren langen Hinterbeinen können sie sich sehr schnell bewegen und dabei den heißen Sand möglichst wenig berühren. Mit den kurzen Vorderbeinen graben sie sich Löcher oder Höhlen, um tagsüber Schutz vor der Hitze zu finden. Sie sind nachtaktiv und ernähren sich von Pflanzen und Insekten. Erstaunlich ist, dass Wüstenspringmäuse nicht zu trinken brauchen, weil sie aus völlig trockenen Samen durch den Verdauungsprozess chemisch Wasser gewinnen können.
Wüstenspringmäuse leben in Nordafrika.

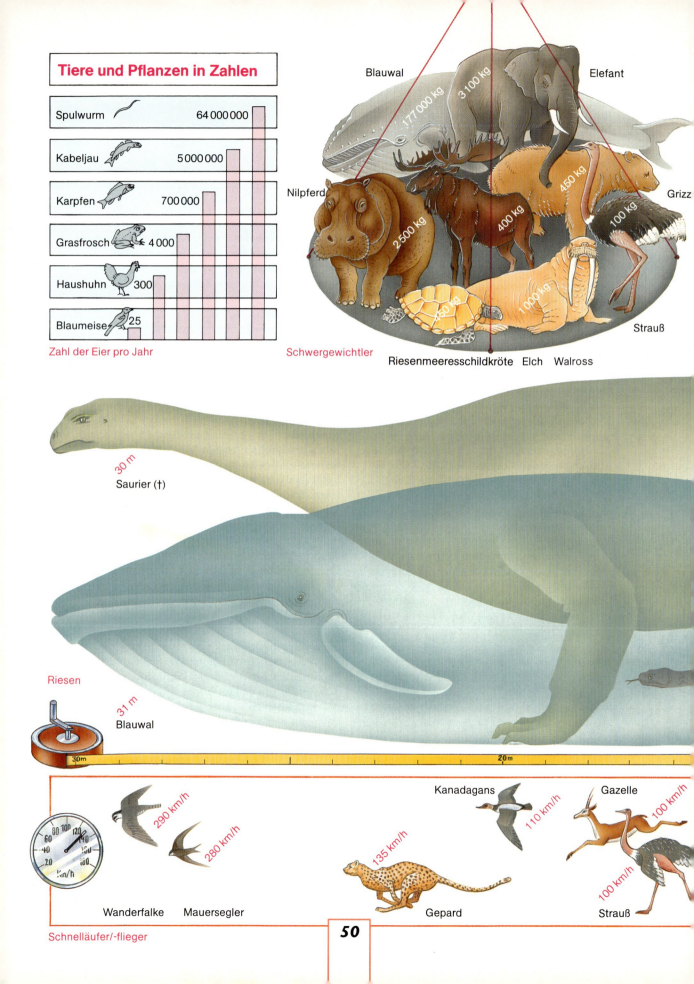

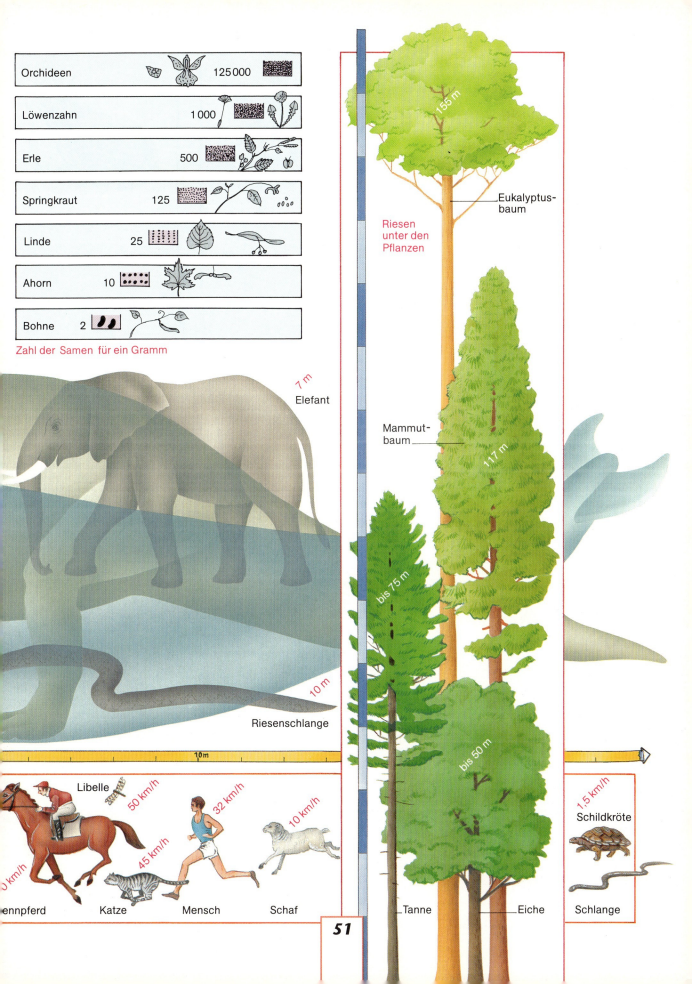

Stammbaum der Wirbeltiere

Stammbaum der Wirbeltiere
Ordnet man die Wirbeltierfossilien nach ihrem Alter (senkrecht) und nach ihrem Aussehen (waagerecht), so zeigt sich, dass sich die Lebewesen im Laufe der Erdgeschichte allmählich verändert haben. Die einzelnen Klassen sind nacheinander entstanden. Durch Übergangsformen (Brückentiere) ist die Entwicklung der einen Gruppe aus der anderen belegt. Alle Wirbeltiere gehen auf gemeinsame Urahnen zurück. Deshalb spricht man von natürlicher Verwandtschaft.

Die zeitliche Abfolge der einzelnen Wirbeltierklassen zeigt, dass fischartige Lebewesen den Ausgangspunkt bildeten. Ihnen folgten die Lurche und anschließend die Reptilien. Die ausgestorbenen Saurier zeigen einerseits Übergangsformen zu den Vögeln, andererseits sind sie auch als Ahnen der Säugetiere anzusehen. So ergibt sich das natürliche System der Wirbeltiere.

Die Entwicklung der Wirbeltierklassen ist verbunden mit der Besiedlung neuer Lebensräume. Ausgehend vom Wasser haben sich über ufernahe Feuchtgebiete schließlich land- bzw. luftlebende Wirbeltiere entwickelt. Der Weg zurück ins Wasser ist allerdings nicht unmöglich, wie das Beispiel der Pinguine oder der Wale zeigt.

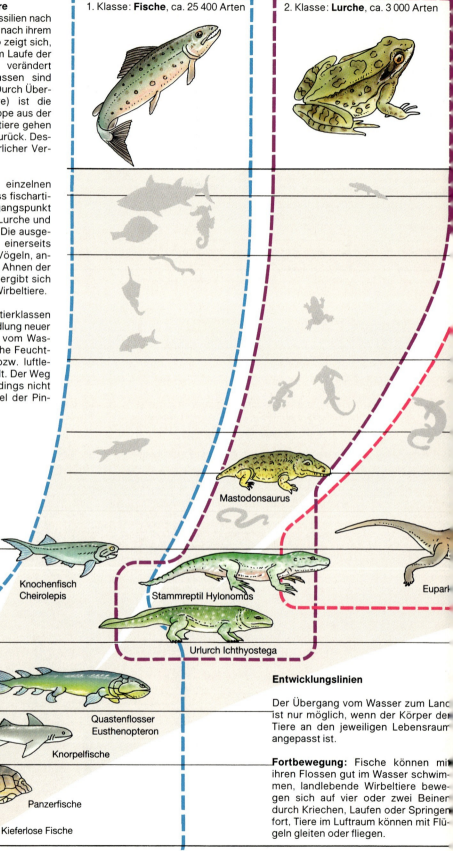

Entwicklungslinien

Der Übergang vom Wasser zum Land ist nur möglich, wenn der Körper der Tiere an den jeweiligen Lebensraum angepasst ist.

Fortbewegung: Fische können mit ihren Flossen gut im Wasser schwimmen, landlebende Wirbeltiere bewegen sich auf vier oder zwei Beinen durch Kriechen, Laufen oder Springen fort, Tiere im Luftraum können mit Flügeln gleiten oder fliegen.

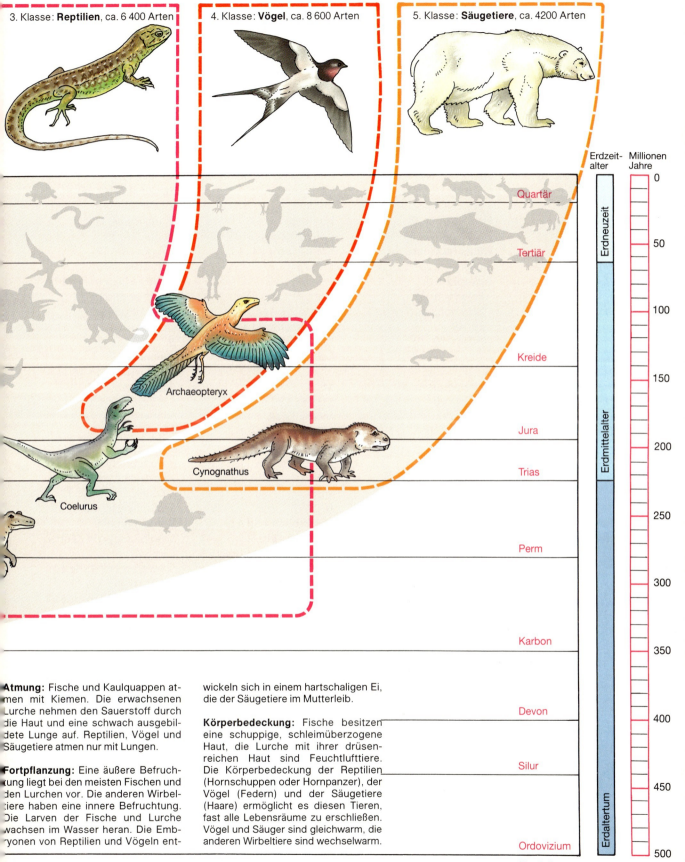

Atmung: Fische und Kaulquappen atmen mit Kiemen. Die erwachsenen Lurche nehmen den Sauerstoff durch die Haut und eine schwach ausgebildete Lunge auf. Reptilien, Vögel und Säugetiere atmen nur mit Lungen.

Fortpflanzung: Eine äußere Befruchtung liegt bei den meisten Fischen und den Lurchen vor. Die anderen Wirbeltiere haben eine innere Befruchtung. Die Larven der Fische und Lurche wachsen im Wasser heran. Die Embryonen von Reptilien und Vögeln entwickeln sich in einem hartschaligen Ei, die der Säugetiere im Mutterleib.

Körperbedeckung: Fische besitzen eine schuppige, schleimüberzogene Haut, die Lurche mit ihrer drüsenreichen Haut sind Feuchtlufttiere. Die Körperbedeckung der Reptilien (Hornschuppen oder Hornpanzer), der Vögel (Federn) und der Säugetiere (Haare) ermöglicht es diesen Tieren, fast alle Lebensräume zu erschließen. Vögel und Säuger sind gleichwarm, die anderen Wirbeltiere sind wechselwarm.

Register

A
Akazie 48
Ameisenhaufen 25, 46
Amphibien 28, 47
Aquarium 13
Arbeitsorganisation 15
Arbeitsplan 15
Arktis 34, 38
Arktische Pflanzen 35, 38
Arktische Tiere 34, 38
Artemia 37, 49

B
Baum
– Alter 27
– Baumscheibe 26
– Baumstamm 27
– Biegsamkeit 27
– Jahresringe 26
– Rindenstruktur 24
– Stammumfang 27
Baummarder 45
Baumschicht 43
Beutetiere 28
Blindschleiche 46
Borkenkäfer 29, 46
– Fraßbilder 29
Brombeere 44
Brotrezept 20, 39
Buntspecht 25, 46
Butterherstellung 19

C
Chamäleon 33

D
Dachs 45
Dromedar 36, 49

E
Eiche 26
– Eicheln 28
– Eichenblatt 28
Eichenwicklerraupe 28
Eichelhäher 28
Eichhörnchen 25, 45
Eisbär 34
– Fettschicht 38
Eiskante 34
Erzeuger 41
Eskimo-Kleidung 34

F
Farben 33
Färbung 33
Fell 35
Fennek 36, 49
Fetten 35
Feuerbohnen 12
Feuersalamander 46
Fichte 26, 44
– Fichtenzapfen 28
– Fichtenzweige 28, 29
Fische 13, 47
– Guppy 13
– Rote Neonfische 33
Fleischfresser 28
Fleißiges Lieschen 12
Frauenhaarmoos 44
Fressfeinde 28
Fuchs 45
– Polarfuchs 35
– Wüstenfuchs (Fennek) 36, 49
Fühlbox 20, 39

G
Getreidesorten 20
– Gerste 20
– Hafer 20
– Roggen 20
– Weizen 20
Glasterrarium 13
Goldgelbe Koralle 45
Gorilla-Männchen 33
Grad Celsius (°C) 14, 35, 39
Großes Springkraut 44
Guppy 13

H
Hafer 20
Häutung 13
Heilkräuter 24, 44
Hygrometer 15, 40

I
Insekten 13, 28, 40
Insektenkasten 13, 40

J
Jahresringe 26
Jogurtherstellung 19
Johanniskraut 44

K
Kälteschutz 35
Kalb 18
– Geburt 18
Kakteen 37, 48
Kartoffel 21, 40
Kartoffeleimer 21
Kiefer 26
– Kiefernzweig 24
Kindel (Zypergras-Kindel) 12
Klapperschlangen 49
Klimadaten 34, 36, 41
Königsnatter 33
Kohlmeise 28, 45
Kompass 14, 41
Korallenschlange 33
Krautschicht 24, 43
Kuh 18

L
Lärche 26, 44
Laubmischwald 43
Laubwald 24
Luftfeuchtigkeit 15

M
Mästen 18
Milchkuh 18, 19, 41
Milchprodukte 19
Mischwald 24, 43
Monokultur 43
Moosschicht 24, 43

N
Nadelmischwald 43
Nahrungskette 28, 35, 41
– Nahrungskettenspiel 28
Nahrungsnetz 28, 41
Nahrungspflanzen 21
Naturjogurt 19, 41

O
Ohren, große 36
Ohren, kleine 38
Opuntien (Kakteen) 48

P
Pfau 33
Pfeilgiftfrösche 33
Pfifferling 45
Pflanzenfresser 28
Pflanzen züchten 12
Pikieren 12
Polarfuchs 35
– Fell 38
Polarmeer 34, 35
Protokoll 20, 21, 42

R
Raumklima 14
Raumtemperatur, optimale 14
Reh 45
Rennmaus (Wüstenrennmaus) 13
Reptilien 28, 47
Rindenstruktur 24
Rinder 18
Ringelrobbe 34
Robbe 35, 39
Roggen 20
Rotbuche 26
– Rotbuchenzweig 24
Rote Neonfische 33
Roter Fingerhut 44

S
Sahara 48
Sahara-Skorpion 36
Salinenkrebse 37, 49
Satansröhrling 45
Säugetiere 18, 28, 33, 35, 42, 47
Schlangen
– Klapperschlange 49
– Königsnatter 33
– Korallenschlange 33
Schlupfwespe 46
Schneegans 35
Schulbiologische Zentren 13
Schwarzer Holunder 44
Schwarzkäfer 37, 49
Seitenwinder-Viper 36
Skorpion 36, 49
Sommerlinde 44
Sommerrevier 34
Speckschicht 35
Sperber 28, 46
Spitzahorn 44
Springmäuse 37
Stabheuschrecke 13
– Eier 13
Stammumfang 27
Steckbrief 25, 32, 33, 37, 42
Steinpilz 45
Stieleiche 44
Stockwerk 24, 43
Strauchschicht 24, 43

Sumpfpflanze 12

T
Tanne 29
– geschädigte 29
– gesunde 29
Tarnen 33
Temperaturprotokoll 14
Tier-Fragespiel 33
Tierspuren 25, 43
Tragezeit 18
Tropenhaus 36

V
Verbraucher 41

Vitamine 21, 43
Vögel 28, 35, 47

W
Wald 24, 43
Waldameisen 25, 46
Waldkauz 25, 46
Waldmaus 45
Waldohreule 25
Waldpflanzen 24, 26, 44
Waldschäden 29, 45
Waldschädlinge 29
Waldtiere 25, 28, 29, 45
Weißbirke 44
Weißdorn 44

Weißtanne 44
Windrose 41
Winterrevier 34
Wirbellose Tiere 47
Wirbeltiere 33, 46, 47
– Stammbaum 52–53
Wochenarbeitsplan 15
Wurmfarn 44
Wurzelstockwerke 43
Wüste 36, 48
Wüstenpflanzen 37, 48
Wüstenrennmaus (Renn-
  maus) 13, 49
Wüstenspringmaus 37, 49
Wüstentiere 36, 37, 49

Z
Zoo 32–37
Zooplan 32
Zypergras 12
– Zypergras-Kindel 12

Bildquellenverzeichnis

6.1 (Hintergrund) Thomas Raubenheimer, Stuttgart; 6.2 Hartmut Fahrenhorst, Unna; 6.3 Toni Angermayer (Hans Reinhard), Holzkirchen; 6.4 Silvestris (Fritz Pölking), Kastl; 6.5 Silvestris (Frank Hecker); 6.6 (Frauke), 6.7 (Enzinger) Mauritius, Mittenwald; 6.8 Silvestris (Andreas Riedmiller); 6.9+10 Reinhard-Tierfoto (Hans Reinhard), Heiligkreuzsteinach; 6.11 Tony Stone (Kim Heacox), München; 6.12 Zefa (Jonas), Düsseldorf; 6.13 Okapia (Ernst Schacke), Frankfurt/M.; 6.14+15 Reinhard-Tierfoto (Hans Reinhard); 6.16 Lambrecht GmbH, Göttingen; 6.17 H. Fahrenhorst; 7.1 (Hintergrund: Icelandic Photo)+2 (Peter Fey), 7.3 (Hintergrund: TCL) Bavaria, Gauting; 7.4 (Hintergrund) Mauritius; 7.5 Okapia (Daniel J. Cox/OSF); 7.6 Corbis-Bettmann, New York; 7.7+9 Mauritius (AGE-Kat.); 7.8 Silvestris (Hans-Georg Arndt); 7.10 Reinhard-Tierfoto (Hans Reinhard); 7.11 Save-Bild, Minden Pictures (Flip Nicklin), Augsburg; 7.12 J. Kienzer, Kiel; 7.13 Roland Herdtfelder, Reutlingen; 8.1 (Hintergrund) T. Raubenheimer; 8.2 H. Fahrenhorst; 8.3 (Frauke)+4 (Enzinger) Mauritius; 8.5 Silvestris (Andreas Riedmiller); 8.6 Zefa (Jonas); 8.7 Okapia (Ernst Schacke); 8.8 Reinhard-Tierfoto (Hans Reinhard); 9.1 T. Angermayer (Hans Reinhard); 9.2 (Fritz Pölking)+3 (Frank Hecker) Silvestris; 9.4+5+7 Reinhard-Tierfoto (Hans Reinhard); 9.6 Tony Stone (Kim Heacox); 12.1 Reinhard-Tierfoto (Hans Reinhard); 12.2–4+6, 13.1–3+ 5+6 H. Fahrenhorst; 12.5 Helga Lade (E. Morell), Frankfurt; 13.4 Okapia (Hans Reinhard); 14.1 (Hintergrund) Conrad Höllerer, Stuttgart; 14.2 H. Fahrenhorst; 15.1 Fabian H. Silberzahn, Stuttgart; 15.2 Lambrecht GmbH; 15.3–6 H. Fahrenhorst; 16.1 (Hintergrund) Stuttgarter Luftbild Elsässer GmbH; 16.2–4+ 7–9 H. Fahrenhorst; 16.5 Silvestris (Danegger); 16.6 Okapia (Klein/Hubert); 17.1–5+8 H. Fahrenhorst; 17.6 Michael Steinle, Fellbach; 17.7 Helmut Länge, Stuttgart; 17.9 Ralph Grimmel, Stuttgart; 18.1 Okapia (Ernst Schacke); 18.2–8 H. Fahrenhorst; 18.9 dpa (ADN/Zentralb.), Frankfurt/M.; 19.1–3+5 H. Fahrenhorst; 19.4 R. Grimmel; 20.1+3+5+7 H. Länge; 20.2+4+6+ 8–10 H. Fahrenhorst; 21.1 (Hintergrund)+3+4 Horst Janus, Ludwigsburg; 21.2+5 H. Fahrenhorst; 24.1 Mauritius (SDP); 24.2 Photo-Center Greiner & Meyer, Braunschweig; 24.3 Manfred Pforr, Langenpreising; 24.4 Klett-Archiv; 24.5 Theo Homolka, Böblingen; 25.1 Reinhard-Tierfoto (Hans Reinhard); 25.2 (Hans Reinhard)+7 (Hans Pfletschinger) T. Angermayer; 25.3+6 Werner Waldrich, Immenhausen; 25.4 Photo-Center Greiner & Meyer (H. Schrempp); 25.5 Th. Homolka; 26 Schutzgemeinschaft Deutscher Wald e. V., Meckenheimer Allee 79, 53115 Bonn, Tel. (02 28) 65 84 62, Telefax (02 28) 65 69 80, Internet: http://www.dainet.de/sdw, e-mail: sgdwald@AOL.COM; 29.1 Th. Homolka; 29.2+3+5 Bernhard Wagner; 29.4 Realfoto (Altemüller); 30.1 (Hintergrund: Icelandic Photo)+2 (Peter Fey), 31 (Hintergrund: TCL) Bavaria; 32 Stadt Dortmund; 33.1 Silvestris (C. Dani/I. Jeske); 33.2 (Günter Ziesler)+5 +7 T. Angermayer; 33.3 (NAS/T. Mc Hugh)+6 (Konrad Wothe) Okapia; 33.4 Reinhard-Tierfoto; 33.8 Dr. G. Ruempler, Bremen; 33.9 Reinhard-Tierfoto (Hans Reinhard); 34.1 Corbis-Bettmann; 34.2 Reinhard-Tierfoto (Hans Reinhard); 34.3 Mauritius (AGE-Kat.); 34.4 Save-Bild, Minden Pictures (Flip Nicklin); 35.1 (Hintergrund) Mauritius; 35.2 Okapia (Daniel J. Cox/OSF); 35.3 Mauritius (AGE-Kat.); 35.4 Silvestris (Hans-Georg Arndt); 35.5 J. Kienzer; 35.6 R. Herdtfelder; 35.7 H. Müller; 36.1 Focus (Stefan Warter), Hamburg; 36.2 (Dennis Nigel)+3 (Raimund Cramm) Silvestris; 36.4 Photo-Center Greiner & Meyer (Meyer); 37.1 Okapia (Dr. C. Rohrbach); 37.2 ABPL Image Library (Anthony Bannister), Sandton; 38 Okapia (Nils Reinhard); 39.1 Okapia (Press-tige Pict./OSF); 39.2 H. Fahrenhorst; 39.3 F. H. Silberzahn; 39.4 Eberhard Theophel, Giessen; 40 Lambrecht GmbH; 41 H. Fahrenhorst; 42 Reinhard-Tierfoto (Hans Reinhard); 46 Eckart Pott, Stuttgart; 47.1 H. Fahrenhorst; 47.2 Reinhard-Tierfoto (Hans Reinhard); 47.3–5 E. Pott; 48.1 Reinhard-Tierfoto (Hans Reinhard); 48.2 Okapia (St. Meyers); 49 H. Fahrenhorst

Die Seiten 50 bis 53 wurden von Prof. Jürgen Wirth, Fachhochschule Darmstadt (Fachbereich Gestaltung) illustriert und gestaltet.
Auf folgenden Seiten wurden Grafiken mithilfe von Vorlagen von Prof. Jürgen Wirth erstellt: 28, 43 bis 47.